全世界2000の組織で実証された〝成功方程式〟で企業価値を高める！

コンタクトセンターデザイン戦略

～運営責任者必読、CX改善の完全ガイド～

プレジデント社

はじめに　「コンタクトセンター」の進化が、企業の未来を変える！

2020年の新型コロナウイルスの蔓延《まんえん》は、世界中のあらゆるビジネスのあり方を変えました。多くの企業がビジネススタイルの見直しを迫られた中で、「お客さま本位」「顧客志向」をそれまで以上に重視する企業が増えたのです。

その一方で、消費者の生活スタイルも大きく変わりました。買い物も食事もコロナ禍をきっかけに「直接来店」が大幅に減り、スマートフォンやパソコンなど、身近なものを使って「非対面」で完結させることが増えました。

しかし日常生活で使用しているもの、食べているもの、購入したものなどで疑問が生じたり、不満を感じることがあったりすると、身近なツールのみで解決させることには、やはり不安を抱いてしまうものです。誰かを頼りたいという思いはどんな人の心にもあるものなのです。

そこで活躍するのが「コンタクトセンター」です。お客さま本位・顧客志向を重視する企業にとっては、非対面でお客さまをケアするためには欠かせないチャ

Introduction

ネルになってきています。

コンタクトセンターは、かつてはお金がかかるだけの「コストセンター」などと呼ばれることがありました。

しかし昨今はプロフィット化が進み、お客さまとの関係をいかに築き、保っていくかをミッションとする「エンゲージメントセンター」と呼ばれるようにもなってきています。


企業がお客さま本位・顧客志向を重視するならば、コンタクトセンターはさらに進化して、エンゲージメントセンター化を目指すべきでしょう。そのために本書では、コンタクトセンターのデザイン戦略を練るために、運営責任者やマネージャー層が知っておくべきことを55項目に絞って提示しています。

それらが現場で活かされ、コンタクトセンターのパフォーマンス向上、企業価値向上の一助になれば、これにまさる喜びはありません。

２０２５年３月

株式会社プロシード

Chapter 1　効果的なKPIの設定、そして〝データ分析〟を徹底

Contents

Chapter 2 スタッフの“モチベーション”と“定着率”をアップ

Chapter 3

顧客情報や体験の把握と、高い〝満足〟の提供

Contents

Chapter 4

最新テクノロジーと〝自動化〟の実情と課題

Contents

おわりに

プロローグ　センターの運営責任者が抱える課題を解決する

本書ではコンタクトセンターの責任者が現場で直面しがちな課題を55項目に限定してピックアップし、その解決策を提示しています。

では、なぜ55項目なのでしょうか。

コンタクトセンターが抱える課題は無数に存在します。お客さまから寄せられる〝声〟は千差万別で、100人のお客さまがいれば100通りの問い合わせがあるといっても過言ではないでしょう。対応するオペレーターの経験もスキルも異なります。オペレーターが数百人在籍しているコンタクトセンターもあり、些《さ》細《さい》なことまで含めると、コンタクトセンターには200や300では収まりきれないほどの課題が存在するでしょう。また業界や業種によって、さらには企業によって取り扱う商品やサービス、方針やミッションなども異なります。

CX（カスタマーエクスペリエンス）の改善では、それらひとつひとつに対応はできるものの、コンタクトセンターを運営するすべての企業に共通するものとして

Prologue

の解決策を提示するのは極めて困難だといわざるを得ません。そこで本書では、着任したてのコンタクトセンターの責任者やマネージャー、さらに企業のトップ層が、課題や疑問に感じやすいことにフォーカスして取り上げることにしました。そのようにして絞り込んだ項目が、結果、55となったのです。

そして、ここでのCX改善については、アメリカのCOPC社が規格をつくり、世界70カ国、約2000の組織で活用されているコンタクトセンターのマネジメント成功方程式「COPC(Customer Operations Performance Center)」の考え方に沿って、KPI(Key Performance Indicator)やモチベーション、顧客満足度、テクノロジー、効率化など、いくつかのカテゴリーを集約しました。

さらに、それらのカテゴリーの中でも、とくに私たちが重要だと考えるもの、あるいは現場責任者の関心度の高いものを、それぞれ11項目ずつピックアップしたのです。これらは、コンタクトセンターの運営責任者が知るべき、CX改善の方策となっています

ただ、社会や経済の動向、顧客ニーズの変化、テクノロジーの進化に応じてコンタクトセンターに求められるものも変化していくことが考えられます。本書で

提示した解決策が、正解だとは限らないケースもあるでしょう。

これからのコンタクトセンターを担っていく皆さんには、本書で提示した解決策をひとつの指針として活用していただけることを願っています。

そして本書を手に取ったことがきっかけとなり、CX改善に関心を抱いていただけるようになれば幸いです。

※本書内における「AI」の表記について

一般的に「AI」は、与えられたデータを学習し、そこから適切な回答を判定したり結果を予測するなど、決められた範囲内での自動化が主な機能です。一方、「生成AI」はディープラーニング（深層学習）により、与えられた情報をAIが自ら学習して、新しいコンテンツを生成します。つまり「無」から「有」を生み出すのが生成AIです。コンタクトセンターによっては「AI」や「生成AI」を導入しているところもありますが、現時点ではその多くが試行錯誤の状態です。どの領域でどのレベルまで活用が進んでいるか不明確な部分も多いため、本書では、「AI」と「生成AI」をあえて区別せず、ひとつのテクノロジーの総称として「AI」として統一して表記しています。

Chapter 1

効果的なKPIの設定、そして〝データ分析〟を徹底

01
「応答率」以外にも考えるべき、コンタクトセンターのKPIとは？

ＫＰＩ（Key Performance Indicator）は「重要業績評価指標」と呼ばれており、目標を達成するための過程を計測、評価する指標のことです。

コンタクトセンターの中には、応答率のみを計測しているところも多いのが実情ですが、応答率はコンタクトセンターのつながりやすさを判断するための指標のひとつに過ぎません。それ以外にも重要な指標はいくつもあります。

例えば顧客満足度や平均通話時間、稼働率などといった指標を総合的に測定することで初めて、コンタクトセンターがうまく運用できているか、判断ができるのです。

コンタクトセンターの運営状況については、次の5つのカテゴリーに分けて測定します。

①サービス＝活動が実施されるスピード
②クオリティ＝正確さ
③セールス＝販売成果
④コスト／効率性＝効率性や処理当たりのコスト
⑤顧客体験＝サービスジャーニーと顧客体験の指標

そしてこれらのカテゴリーには、それぞれ測定管理すべき指標が存在します。それらをバランスよく管理する必要があるのです。

しかしCX改善に取り組んでいない企業の中には、複数の指標を把握せず、応答率や経験値にのみ頼っているケースも少なくありません。

応答率は一側面ではありますが、それですべてを評価できるわけではないのです。例えば応答率はいいけれど顧客満足度があまり芳しくない、コストが見合っているのかわからない、そんなケースも見られます。

そのようなセンターは、複数の指標ではなく限定された指標のみで評価していたり、それらが可視化されていなかったりするために、何が問題なのかが把握できておらず、効果的に対処できていないのではないでしょうか。

ＣＯＰＣのＣＸ改善では、図❶のようなＫＰＩツリーを用いる手法を推奨しています。最終目標の達成に必要な要素を、樹形状にして可視化したものです。

例えば最終目標を「応対サービスでの顧客満足度を最大化し、顧客不満を最小化する」としているセンターのケースで考えてみましょう。

顧客不満足度が高い場合はＫＧＩ（目標達成基準）の「応対チャネル顧客不満足度」の下層に紐づく指標のいずれかに問題があるということになります。直下の層の「応答率サービスレベル」「エスカレーション精度」「応対精度（コンプラ視点）」「応対精度（顧客視点）」の指標のうち、目標未達成要素が「応答率サービスレベル」であれば、それが顧客不満足の原因ということになります。さらにその原因は「稼働率・占有率」「ＡＨＴ（平均処理時間・Average Handling Time）」のいずれかにあることになります。各指標を確認し、「稼働率・占有率」が目標未達成であれば、「受電量予測精度」「シフト遵守率《じゅんしゅ》」のいずれかに原因があるということです。

こうして顧客不満足の原因をつきとめ、改善点を見つけていくのです。

このほかにも目標に合わせた複数のＫＰＩツリーがあります。センターごとの目標に応じて使い分けるのがよいでしょう。

図❶　目標別・KPIツリー例

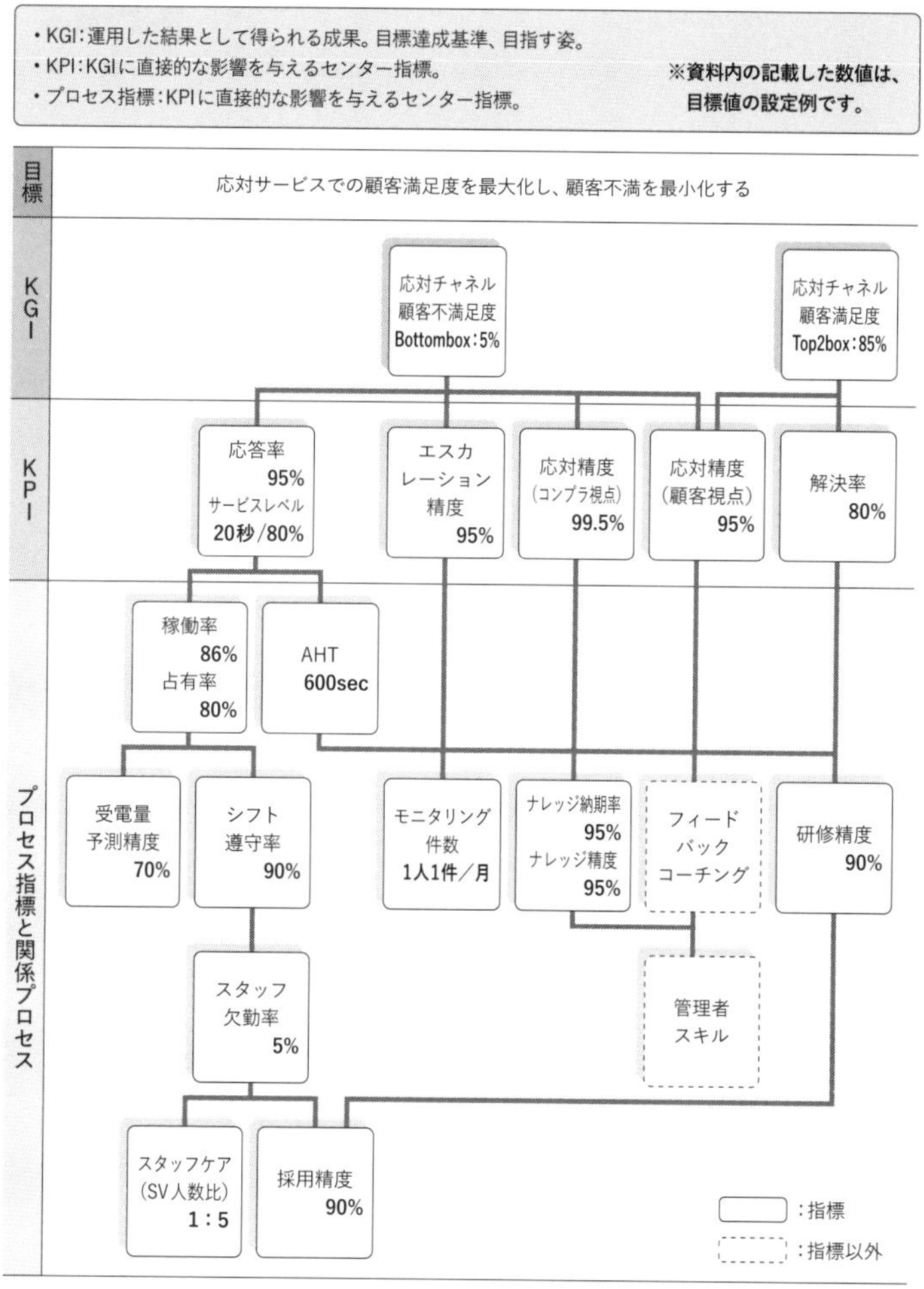

出典：プロシード

効果的なKPIの設定、そして"データ分析"を徹底

02

電話以外のサービスは、どうやって評価すればよいのか？

コンタクトセンターでのお客さまへの対応は、有人対応チャネルである「ヒューマンアシステッドチャネル」、人ではなくシステムで対応する「デジタルアシステッドチャネル」があり、そしてヒューマンアシステッドチャネルの中には、コンタクトセンターからお客さまへの架電である「アウトバウンド」も含まれます。

さらにヒューマンアシステッドチャネルは、オペレーターによるインバウンド（入電）対応や有人チャットなどのリアルタイム型と電子メールなどの非リアルタイム型に分けられます。これらのうち、電話以外のサービスとしては電子メールや有人チャット、ウェブ経由の問い合わせ、ＦＡＸ、チャットボットやボイスボット、ＦＡＱ（Frequently Asked Questions）などがあります。

各サービスとも、チャネルごとに必要な指標が異なります。電話では応答率といった評価指標がありますが、メールやチャットなどにもそれぞれの評価指標があります（図❷）。これらを効果的に測定して、分析していきます。

図❷　電話以外のサービスを評価する指標例

ヒューマンアシステッドチャネル	
● リアルタイム型	
応答速度サービスレベル	顧客からチャットセッションの要求や承諾があってから、スタッフが最初にメッセージを送信するまでの時間
チャット平均返答時間	顧客がチャットを送信してからスタッフが応答するまでの平均時間
チャット途中放棄率	チャット応答数のうち、顧客がチャットセッションを途中で放棄（離脱）した割合
コンカレンシー	スタッフが同時並行でチャット応対をおこなう数
承諾率または否認率	顧客がライブチャットの提案を受け入れた割合、またはそれを拒否した割合
● 非リアルタイム型	
納期	目標のタイムサイクル内に処理された割合
未処理	定められたタイムサイクルを越えても処理されていない案件の平均遅延時間
エスカレーション率	有人対応など別のチャネルに処理を引き継いだ割合
欠陥率	バックオフィスでチェックしたやり取りのうち、エラーがあった割合
効率性	1案件あたりの平均処理時間や1時間あたりの平均処理件数
デジタルアシステッドチャネル	
自律処理率	起点から終点までデジタルアシステッドチャネルのみで処理できた割合
会話数	顧客との間でやり取りされた会話の総数（チャットボットのみ）
会話あたりのメッセージ数	顧客との間でやり取りしたメッセージ数の平均
デジタルチャネル セルフサービス完了率	デジタルチャネルを用いて顧客自身がセルフで解決・完了した割合
FAQレイテンシー	顧客が閲覧可能なFAQにおいて表示されるまでにかかる時間の遅れ

出典：プロシード

03
KPIの目標値。何をベースにして、どのように設定すべき？

例えば急な腹痛に襲われ、119番に電話をして救急車を依頼しようとしたとき、普通の人は5分待てるでしょうか？　119番は「すぐにつながって対応してもらえる」という期待があるため、その5分を長く感じるでしょう。一方、無料で提供されているサービスならば「どうせ待つんだろう」という思いもあって、少々の待ち時間は気にならないということもあります。同じ待ち時間でも、その人の期待や状況などによっては満足にも不満足にもなり得るのです。

KPIの目標値は、過去の経験に基づいて設定するケースが多く、明確な根拠に基づいていないことも少なくありません。センターによっては会社に報告する際のことを考えて、あえて低い目標値を設定するということもあるようです。

しかし目標値というものは本来、お客さまや会社の経営層などの期待値を可視化したものであるべきです。

例えばお客さまの「電話が早くつながってほしい」という期待がある場合を考えてみます。電話がなかなかつながらず、かなり待たされてしまってそれが不満足要因になったとしましょう。そのお客さまがどれくらい待たされたのか、どの程度の待ち時間であれば不満足要因にはなり得ないのか、そういったことを数値化するのです。

これはコスト面においても同じことがいえるでしょう。コストは効率性とも言いかえることができます。コスト上昇の原因が効率性、応対時間にあった場合は、どうやって応対時間を短縮するか、応対時間を個別に決めて目標化するのです。その場合は理想的な応対時間のシミュレーションをおこない、例えば6分という結果が得られたならば、それを目標とするのです。

VOCを検討しながら目標値を修正していく

COPCにおいては、基準となる応対時間の指標が設定されていますが、企業ごとに事情が異なるでしょう。そのため、お客さまの声（VOC＝Voice of customer）をもとに、企業ごとに検討を加えていきます。「もっと早くつながるようにしてほしい」「解決までの時間をもっと短縮したい」など「もっと」という声は、期待値と目標値のギャップでもあり、そこが改善点にもなってきます。

一方で時間が短ければよいというわけでもなく、なかには時間ではなく、あくまでも課題の解決やわかりやすさを重視しているお客さまもいます。その場合は応対時間の目標値が厳しすぎるということも考えられます。別の指標での評価が必要になることもあるでしょう。

常にお客さまの声を収集しながら、同時に目標値も見直し、変更しながら対応していくことも必要です。コンタクトセンターの管理者は、もっとも満足してもらえるラインはどこか、数値やお客さまの反応を見ながら目標値を修正していくのです。

また扱う商品やサービスによって、ターゲットが異なります。主婦や学生、年金生活の高齢者などお客さまの属性によって、待てる時間の長さが異なることもあります。同じ時間でも長く感じたり、短く感じたりすることもあります。属性ごとに把握・分析しておく必要があるといえます。

04

どのKPIを、オペレーターのパフォーマンス評価に利用する？

個々のオペレーターのパフォーマンスを評価するには、それぞれのオペレーター個人に紐づいた指標を用いる必要があります。

例えばコンタクトセンターにかかってくる電話は、オペレーター全員で対応しています。そのため応答率は、個々のオペレーターのパフォーマンス評価には不向きといえます。

オペレーターの評価は、主に次のような観点からおこないます。

①クオリティ
②セールス
③効率性

クオリティには、エスカレーション精度、顧客視点の重大なミスの精度、ビジネス視点の重大なミスの精度、コンプライアンスの重大なミスの精度、解決率などが含まれます。エスカレーションとは、一次対応のオペレーターだけで判断・解決ができず、上席の人などに対応を引き継いだり、確認をおこなったりすることで、その頻度を割合で示した数値がエスカレーション率です。オペレーターがひとりで解決できたかそうでないか、その頻度がわかります。

セールスは、セールス要素があるセンターであれば収集する必要があります。

効率性は、稼働率やＡＨＴなどです。ＡＨＴや稼働率は、個々のオペレーターの評価に活用できます。

そのほか、顧客満足度調査の結果がオペレーター個人に紐づく場合は評価に活用するのがよいでしょう。

これらの指標をセンター全体の平均や、前月の結果、当月の目標などと比較してパフォーマンスを評価します。評価の結果は、その後のコーチングや指導に使うこともできます。

05

さまざまなケースの「応対品質」。どう数値化していくのか？

ＣＯＰＣでのＣＸ改善の場合、応対品質はモニタリングによる評価がもっとも一般的な手法です。このモニタリング調査は毎月おこなうようにします。これは電話に限らず、メールでもチャットでも同じ視点で評価します。

モニタリングは、ＯＪＴ（On the Job Training）のように管理者がオペレーターの隣に座っておこなうわけではありません。オペレーターがお客さまとやり取りした内容を録音し、その中からランダムに抽出して管理者が確認していきます。これは個々のオペレーターの応対品質をチェックするというより、そのコンタクトセンター全体の品質について確認することを目的としています。

応対品質は全件チェックできればいいのですが、数が膨大なため、それはできません。月次で何件のチェックをおこなうか決定し、サンプルでチェックをおこないます。

モニタリングは3つの重大なミスを重点的にチェック

モニタリング調査にはチェック項目があり、管理者がモニタリングしながら「○」や「×」などで評価していきます。

例えばチェック項目が10項目あり、そのうち9項目が「○」だった場合、90点という評価になります。しかしこれは総合評価にすぎず、どこに改善点があるのかがわかりません。

そこでCOPCでは、次の3つの視点を〝重大なミス〟としています。モニタリングではこれらが盛り込まれたチェックリストを使用します。

①顧客視点での重大なミス
②ビジネス視点での重大なミス
③コンプライアンス視点での重大なミス

顧客視点での重大なミスとは、お客さまの満足度に影響を与えてしまうものです。例えば誤った回答をしてしまう、お客さまを蔑視するような応対、言葉遣いが正しくない、手際が悪い、システムの不具合、不必要に長い保留時間で待たせてしまうなど、お客さまの不満足要因になるものです。

ビジネス視点での重大なミスは、その企業の視点でやってはいけないことです。社内のルールを守っていないなどが該当します。結果としてビジネスに不必要なコストを発生させてしまったり、売上機会を損じさせてしまったりというようなことです。例えば電話をしてきたお客さまには「必ず新商品の説明をする」ことがルール化されていたにもかかわらず、それが実践されていなかったといったことなどが含まれます。

コンプライアンス視点での重大なミスは、法令や公序良俗に反すること、個人あるいは企業の不利益につながる行為や発言です。個人情報を漏洩《ろうえい》してしまったなど、企業責任を問われるおそれのあるものが該当します。一部、顧客視点やビジネス視点の重大ミスに含まれるものもあります。

例えば100人のオペレーターをモニタリングした場合、100枚のモニタリングシートが集まります。そのシートの中で顧客視点の項目が3項目あった場合、1名のモニタリングで3項目チェックします。

3項目のうち1項目でも「×」がつけばそのシートは「×」になり、「×」がなかったシートを達成と判断します。100枚のうち80枚に「×」がつかなければ顧客視点での重大なミスの精度は80％となり、20％は達成できていないということになります。

こういった形式で、前述した3つの視点での重大なミスを数値化して評価していきます。

またモニタリングシートの中で、どの要素が重大なミスに該当するかを確認し、各項目の精度を毎月測定することでセンターの品質を可視化します。

重大なミスの項目は組織ごとに異なるため、チェック項目の中にはこれら3つの視点に該当しないものも含まれます。例えば「オープニングに正しいスクリプトを使用したか」といったことはセンターによっては重要視していないところもあります。図❸はモニタリングシートの例です。自社に該当する要素はどれなのかを確認し、重大性を判断した上でモニタリングをおこないます。

図❸　モニタリングシートの例

	詳細	重大／非重大
1	オープニングに正しいスクリプトを使用したか	非重大
2	顧客の契約が有効か確認したか	重大(Comp.)
3	顧客の名前で呼びかけをしたか	非重大
4	オープンクエスチョンをしたか	非重大
5	顧客の反応を確認したか	非重大
6	会話をリードしたか	非重大
7	顧客の問題を特定したか	非重大
8	顧客に正しい回答を提供したか	重大(Cust.)
9	問題を完全に解決したか	重大(Cust.)
10	親切に対応したか	非重大
11	プロとして対応したか	非重大
12	顧客の回答を理解したか	非重大
13	礼儀正しく丁寧な対応をしたか	非重大
14	不必要に通話を延長していないか	重大(Biz.)
15	システムに履歴を正しく残したか	重大(Cust.)
16	ツールを正しく使えているか	非重大
17	セールスの機会を正しく判断できたか	重大(Biz.)
18	クロージングに正しいスクリプトを使用したか	非重大
19	社名を正しく伝えたか	非重大

出典：プロシード

06

数値を信用する前に！管理者が知るべき5カ条とは？

コンタクトセンターはさまざまなＫＰＩで管理されています。それは人間で例えると〝身体計測〟のようなものといえるでしょう。

顧客満足度や平均通話時間、欠勤率、エスカレーション率などさまざまな指標があります。多くのセンターでは、指標は「パフォーマンス管理表」を用いて管理しており、それは表計算ソフトで管理するのが一般的で、数値は主に月次で管理していきます。

一方でそれらの指標の数値は、いくつかのルールにのっとって測定しなければ、センターの状況を正確に把握することができません。

ＣＯＰＣでは、パフォーマンス管理表で使用するデータを収集・管理するにあたっていくつかの手法があります。それが「ＣＵＩＫＡ」というものです。それぞれの英文表記の頭文字をとったもので、次の５項目になります。

①「C」　収集すること（Collect）

すべてのデータを収集する必要があります。特定日を除いたり、漏れがある月があったりしてはいけません。1カ月でもデータが欠けている場合、そのデータは測定されていないとみなします。

②「U」　利用できること（Usable）

必ず目標値を設定します。目標のない計測はあり得ません。そして目標値は定期的に見直しをおこないます。例えば常に達成できている目標値があれば、甘い目標設定になっている可能性があり、それは適切な目標値とはいえないかもしれません。また測定を続ける中で、測定不要な項目が生じている可能性もあります。同じ項目について、その後も引き続き測定を続ける必要があるのかどうか、あわせて検証します。

③「I」　完全性を確保すること（Integrity）

データが正確なものか、確認していきます。指標の測定に使う数値は正しいか、データ収集方法に偏りがないか、データは一貫しているか、一貫してパフォーマンスが100％となっていないか、指標は正しく計算されているか、サンプルの数は足りているか、重複したデータはないか（人為的なコピペミスなど）といったことを確認します。これらのチェックをおこなった結果、問題ないと判断された数値は信用できるパフォーマンス結果となります。

④「K」 理解していること（Known）

C・U・Iが満たされたときに、初めてその指標は信用できるものとなります。そのことを管理者がきちんと把握（Known）しておく必要があります。

⑤「A」 改善措置を取ること（Actions）

改善に向けた措置（Actions）です。目標が達成できているか検証して、達成できていなければ改善に取り組みます。

全体的な流れとしては、すべての指標を一覧表にして、まずはC・収集、U・利用可能、I・完全性の確保から精査します。問題がなければK・理解、A・改善措置に取り組みます。

COPCの考え方では、全期間のうち4分の3の期間で達成できていることを目指すとされています。

一年間を総括した際、12カ月中9カ月で目標が達成できていれば、それは「達成指標」ということになるのです。

07

パフォーマンスを読み解く、「データ分析法」はどんなもの？

パフォーマンスを高めるためには、まずは分析が必要です。コンタクトセンターにおいて、ある指標が目標を達成できない状態が継続した場合、分析によってその原因を特定しますが、それにはいくつかの方法があります。

ＣＯＰＣで推奨しているＣＸ改善手法のひとつに「シックスシグマ」があります。これは製造業で生産プロセスを改善するためのフレームワークとして用いられるものです。コンタクトセンターの運用改善は製造業のものと近しいものがあり、シックスシグマとは親和性が高いといわれています。

コンタクトセンターに置き換えても活用できるものであり、継続的に改善をおこなうためにはシックスシグマを活用するのがよいでしょう。

シックスシグマは「ＤＭＡＩＣ」（図❹）に沿って改善していきます。

①D・問題定義（Define）
②M・測定（Measure）
③A・分析（Analyze）
④I・改善（Improve）
⑤C・コントロール（Control）

例えば応答率の指標が継続的に達成できていない場合、まずそれを問題として定義します。そして過去の数値などを測定して分析をおこない、改善策を決定して改善に取り組みます。改善措置を講じた後、それを検証して改善がなされていなければ再び測定・分析の段階にまで立ち戻って、再度試みます。これを繰り返していくのです。

このフレームワークに添って取り組めば、統一化された改善プロジェクトを推進していくことができます。

またこの分析・改善は全社的なプロジェクトとしておこなう必要があります。チーム単位でおこなうと、取り組み方にバラつきが出てしまい、正確な分析や適切な改善ができない可能性があるのです。

図❹ 「シックスシグマ」

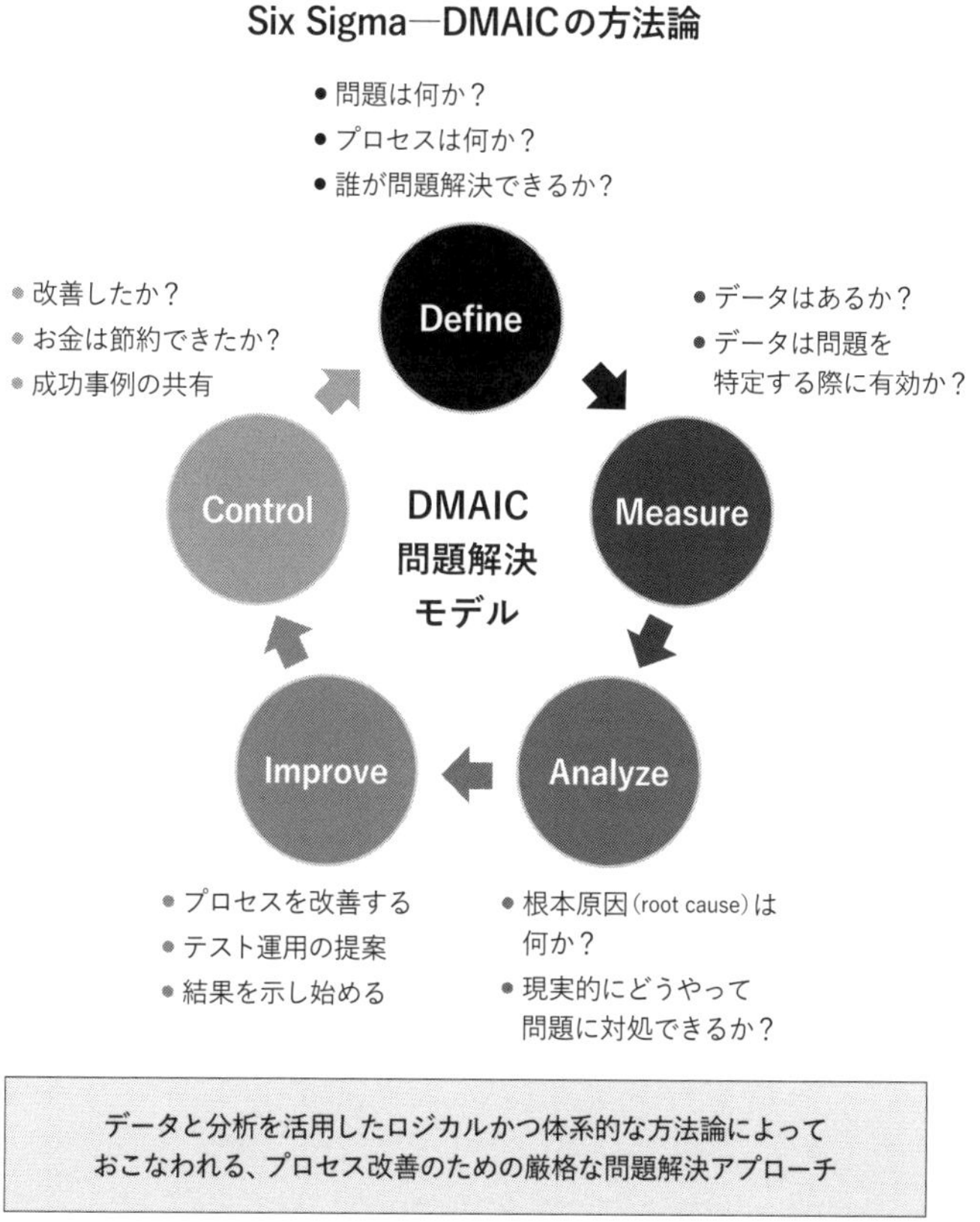

出典：プロシード

08

「顧客満足度」が上がらない……、解決策をどう特定する?

顧客満足度が向上しないため、なんらかの改善に取り組まなければならないという場合は、まずは因子分析をおこなうのがよいでしょう。

顧客満足度調査においては「今回の応対は総合的にいかがでしたか?」という総合満足度を、主に5段階評価で測定します。その際に使用するアンケートにはそのほかの満足度についても、例えば次のような付属的な設問も用意して確認します。

「つながりやすさはどうだったか?」(接続品質)
「要望は理解されたか?」(要望把握)
「対応は迅速だったか?」(迅速性)
「説明はわかりやすかったか?」(説明力)
「問題は解決したか?」(解決の把握)

待ち時間やオペレーターの言葉遣いやマナー、解決までにかかった時間などについてお客さまの声を集めるものです。

総合満足度が高かった場合、それはほかのどの因子に影響を受けているのか。逆に総合満足度が低かった場合、付属設問の回答はすべて低かったのか、それとも高いものもあったのか。総合満足と各因子の相関分析をおこなうことでお客さまが重要視している因子が特定できます。その因子を高めることで顧客満足度を効果的に高めることが可能になるのです。それによって改善点も見えてきます。

あるパソコンメーカーのコンタクトセンターの事例をご紹介しましょう。

そのメーカーのパソコンを購入した人が、不具合を解決するためにコンタクトセンターに電話をかけました。応対したのは外国人のオペレーターでした。敬語もままならないオペレーターでしたが、解決に導くのはとても早く、問い合わせをしたお客さまは大変満足したそうです。

これはこのお客さまがそのコンタクトセンターに期待していたのが不具合の解決であり、敬語ができないなどマナー面の因子が満足度に影響していないことを示しています。

09

効果的に「応答率」を上げたい。そのためにすることとは?

コンタクトセンターへの電話のつながりにくさ、つまり応答率の低さは不満の要因にもなるため、つながりやすさのコントロールは重要です。

応答率の効果的な改善方法のひとつに、オペレーターの増員があります。しかし人材不足・採用難などの影響もあって、どのコンタクトセンターにおいても苦戦しているというのが実情でしょう。

また単にオペレーターを増員するだけで、すべての問題が解決するわけではありません。予測呼量に対して、オペレーターを適切に配置できていなければ、センターのコストだけが増加することになってしまいます。適切な人員配置は大前提なのです。

最近では「コールバック予約」というシステムを導入しているセンターが増えています。電話がセンターにつながらない場合、コールバックの予約をして電話を切って待機するというものです。オペレーターの手が空いた時点でお客さまにコールバックすることができます。つながりやすさを確保するために、コールバック枠を設けて対応することも検討したいところです。

コールバックには2種類あります。

ひとつはウェブサイトからお客さまがコールバック予約を取る方法です。もうひとつはバーチャル・ホールド・テクノロジー(VHT)と呼ばれるものです。VHTは「仮想保留テクノロジー」とも呼ばれている、待ち行列管理の一形態です。発信者は順番が来るまで保留状態のまま電話を切ることができ、順番が来たらオペレーターからコールバックをもらうことができるシステムです。

いずれも、お客さまに電話機を持ったままで待ってもらう必要がなくなり、時間の節約にもなります。コンタクトセンターにとっても、お客さまを待たせることなく対応できるため、不満足の因子になるものを削減していくことができます。またつながりやすさのコントロールもおこなうことができるというメリットもあるのです。

10

「一次解決率（FCR）」を高める観点は、どのようなものか？

一次解決率（FCR＝First Call Resolution）とは、初回の問い合わせで解決できた割合を示す指標です。顧客満足度と一次解決率は非常に高い相関性があるとされており、重要な指標のひとつです。

まず初回で解決したかどうか、お客さまの声から分析する必要があります。それにはいくつかの方法があります。ひとつはアンケートなどでお客さまに解決の有無を確認するやり方です。またコンタクトセンターのシステム上、同じ案件について再問い合わせが一定期間なかった場合は「解決済み」と判断するというやり方もあります。これらの分析を通じて、一次解決が可能な問い合わせ、解決が困難で解決率が低い問い合わせ、エスカレーションなどが必要で一次解決が困難な問い合わせ、一次解決の必要がない問い合わせなどに分類されてきます。

提供している商品やサービスによって異なりますが、一次解決が可能なものとしては、例えば修理の手配、予約の受け付け、カタログ内容を説明すれば事足りる商品の問い合わせなどがあります。

一次解決が困難なものとしては、例えば返金対応など上席の人に確認しなければならないもの、訪問スタッフの手配など、確認作業がともなうものなどが挙げられます。エスカレーションが必要なため、初回の電話での解決は困難です。

一方で、初回での解決の必要がない問い合わせもあります。お客さまが必ずしも一次解決を望んでいないケースも少なくないのです。

商品やサービスによって、お客さまの期待値も変わってきます。「最終的に問題が解決すればいい」というお客さまもいるのです。無理に一次解決しようとせず、お客さまの反応を見ながら対応することも、場合によっては必要です。このようにして、一次解決が可能なものと困難なもの、必ずしもその必要がないものなどを明確にして、それをルール化して各オペレーターに周知しておくのです。

同時に一次解決率が低い問い合わせについてはその内容を分析し、センター全体に教育をおこなう必要があります。

センター内において、ナレッジやＦＡＱなどに「よくある問い合わせ」として掲示して理解力を高め、解決率を向上させていきます。またオペレーターサポートのＡＩなどの導入も検討の余地があるといえます。

また一次解決率を高めるためには、オペレーターに高いスキルが必要です。各オペレーターによってはオペレーターのスキルにバラつきがあります。各オペレーターがどんな問い合わせに対応しているのか、問い合わせ内容は一次解決が容易なものか困難なものか、クロスさせて分析していきます。すると一次解決率の高いオペレーターと低いオペレーターが明確になってきます。スキルの補完が必要なオペレーターに対しては、教育などでスキルを高めていくことになります。

しかし昨今は、コンタクトセンターに寄せられる問い合わせは、オペレーターにとっての難度が以前に比べてかなり高くなっています。多くのお客さまがウェブなどで調べられるようになっているため、自己解決ができるケースが増えているからです。自己解決できない場合のみにコンタクトセンターに電話をしてくるようになっているのです。

そのため一次解決よりも問題解決が重要視されることもあります。一回で解決しなくても、最終的に解決すればお客さまは喜んでくださることもあります。どちらがよりお客さまの満足度向上に貢献し得るのか、見極めながらの対応も大切だといえるでしょう。

11 「平均処理時間（AHT）」を短縮する方法には、何がある？

平均処理時間（AHT）は、短時間であればよいというものではありません。大切なことは適切な時間で対応することです。これはどのコンタクトセンターにとっても重要な課題になっています。

AHTは平均通話時間（ATT＝Average Talk Time）、平均保留時間（AHT＝Average Hold Time）、平均後処理時間（ACW＝After Call Work）の3種類に大きく分解することができます。

オペレーターによって通話時間が長い人と、後処理に時間がかかる人がいます。通話時間については、コンタクトセンターごとで期待する時間が異なる場合もあります。お客さまが相手なので、どうしても長くなったり短くなったりなど、時間が左右されることもあるでしょう。

そのため同じAHTでも、オペレーターごとにこれら3種類に分解していく必要があります。

まずＡＴＴとＡＨＴは、直接お客さまに対応している時間です。ＡＣＷはお客さまへの対応が終わったあとの時間なので、お客さまは関係ありません。

ＡＴＴを短縮するには、トークフローなどの見直しが必要になります。適切な流れでお客さまと話しができているか、確認します。

とくに重要なのはＡＨＴです。保留はお客さまにとっては不要な時間です。長くなってしまうと不満足因子になってしまいます。ＡＨＴが長い場合は、オペレーターのスキルだけでなく、ナレッジなどの見直しが必要です。

ＡＣＷはお客さま対応後の時間なので不満足因子になる可能性は低いのですが、この時間は短ければ短いほど効率的に対応していることになります。

ＡＣＷが長くなってしまっているオペレーターは、それが短いオペレーターとどんな違いがあるのか、行動分析や行動観察などで検証していき、何に時間がかかってしまっているのかを把握します。例えば操作の手順が違う、タイピングが遅い、見ている画面が違うなど、いろいろな因子が見えてきます。それによって改善策がわかります。これらを通じて効率的な運用方法が見えてくれば、ＡＣＷが長いオペレーターへの全体的な研修などにつなげるのもよいでしょう。

Chapter 2

スタッフの〝モチベーション〟と〝定着率〟をアップ

12 オペレーターの「モチベーション要因」を特定する方法とは？

デジタル化や自動化が進んでも、コンタクトセンターは人が働く場所であり、モチベーションの維持・向上は大切です。そしてその要因を特定することも重要で、そのためにVOE（Voice of Employee）、つまり〝従業員の声〟にしっかりと耳を傾ける必要があります。

VOEの収集は〝積極的に〟おこなうことが大切です。例えばセンター内に意見箱のようなものを設置して「皆さんの声を聴かせてください」というやり方は〝消極的〟な方法であり、VOE収集は失敗します。自主的に意見箱を活用して自分の声を伝えようというオペレーターはほとんどいないでしょう。

収集したVOEをしっかり集計して、現場でどんな問題が起きているのか、どこに課題があるのかを把握・分析することが重要です。

効果的なVOE収集にはいくつかの方法があります。主に①従業員満足度・エンゲージメント調査（アンケート）、②面談でおこなわれています。

①従業員満足度・エンゲージメント調査（アンケート）

アンケートは少なくとも年に1回は実施して、従業員の声を集めるようにします。アメリカ・COPC社の2023年調査によると、コンタクトセンター運営企業の87％が、VOEをアンケートによって収集しており、そのうちの38％が年に1回実施していることがわかっています。

②面談

面談は少なくとも四半期に1回は実施するのが望ましいでしょう。とくに管理者とオペレーターによる「1on1」（1対1）の面談が重要だということが分析結果からわかっています。この「1on1」面談を通じてVOEを収集するとともに、意味のある「1on1」の面談を実施することが肝要です。

この面談によってモチベーション要因を特定することができますが、それ以上にこの「1on1」面談そのものがオペレーターにとってのモチベーションにもなり得るのです。

13 従業員へのアンケートは、どのようにすればよいのか？

従業員満足度調査（アンケート）は少なくとも年に1回の頻度で実施するようにします。そしてそのアンケートにおいては、どんな設問を用意するかがポイントになります。

COPC社の調査方法を用いる場合は各設問とも「とてもそう思う」「そう思う」「どちらとも言えない」「そう思わない」「まったくそう思わない」などの5段階評価で回答してもらう方式がおすすめです。またフリーアンサーの回答欄も用意しておくといいでしょう。

まず、総合満足度についての設問です。「総合的に考えて、いまの仕事に満足していますか？」という問いかけです。

次に、その総合満足度を左右する可能性がある要素、例えば「上司や同僚とのコミュニケーションはうまくいっていますか？」「不明点は質問しやすい環境がありますか？」などの設問を、そこに組み合わせていきます。

そしてぜひ入れておきたい設問は〝貢献度〟に関するものです。いまの自分は業務で会社に貢献できているか、役に立っているかについて質問します。
そのほか、改善しやすい点についても質問します。例えば業務で使用する設備や道具など、ファシリティ面についての満足度も調査します。

企業内の個人イベントの納得感を測る

また同時にライフサイクル満足度についての設問も用意するのがよいでしょう。この場合のライフサイクルとは、「企業と個人との間に起こるイベント」のことです。例えば企業に採用され、研修を受けて現場に配属される。これらはその個人にとってはある意味で、一大イベントといえます。この調査では、そのイベントごとの本人の納得度を測るのです。

この調査はイベントごとのギャップを把握するために必要です。例えば研修段階でまだ不安が残っているにもかかわらず、現場に出されたとなると、そこにギャップが生まれます。管理者にはなりたくない人をセンターの管理者に昇格させると、そこにもギャップが生まれます。これらは最悪の場合は、離職につながってしまう可能性があります。これらの企業内での個人のイベントが、納得感をもっておこなわれているのか、きちんと把握するためにも、アンケートの設問に入れておく必要があるのです。

改善優先度を把握して「聞きっぱなし」にしない

そしてアンケートは実施した以上は〝聞きっぱなし〟ではいけません。改善点を聞き出したにもかかわらず何のアクションもなければ「なんだ、せっかく指摘したのに何もしてくれない」となってしまい、逆にモチベーションの低下につながってしまいます。

そのため、改善が不可能な設問、例えば「オフィスの場所は適切だと思いますか?」などは最初から入れないようにします。「適切ではない」という回答が多数出てきても、すぐに対応することはできません。

結果を必ず分析して、改善の優先度を把握します。このとき、総合満足度との関係性について検討してみるのも、ひとつの分析方法です。改善できる部分はできるだけすみやかに改善するようにします。

14

集めた退職や欠勤理由。これを、どう活用していくべき？

退職や欠勤は、生産性やサービス品質、顧客満足度の低下につながります。とくにオペレーターの退職による欠員補充のための採用や研修のコスト、欠勤による残業コストはビジネスに与える影響が大きいといえます。

退職や欠勤を管理することは、パフォーマンスや顧客サービス能力を向上させ、コスト削減にもつながります。

退職の場合は「仕事が嫌になった」、欠勤の場合は体調不良がその理由として多い傾向にあります。

いずれの場合も数値化できない定性的なものが多く、分析が難しいのが実情です。退職や欠勤の理由は、ヒアリングした後にそれを種類別に分類していく必要があります。するとその中でもっとも多い理由が見えてきます。それによって課題を特定していくのです。

退職はその理由だけでなくタイミングも分析対象

とくに退職の理由については本当のことを言ってくれないことも多く、「父を探す旅に出るため」といって退職した人も現実にいるようです。そのため、退職の場合はその前の段階、兆候があらわれたときにそれをしっかり把握して対処する必要があります。

退職の場合は、その理由を分類した後に「どのタイミングで辞めたか」を把握します。入社3カ月で辞めたのか、半年後なのか、1年後あるいは10年後、いずれの場合もその意味合いが異なります。

退職の理由とそのタイミングは、必ずクロスさせて分析するようにしましょう。例えば入社直後の場合は採用部門に問題がある可能性があります。入社後の研修直後ならば研修部門に、現場に配属後ならば現場に問題があることが考えられるのです。するとどの部署の誰に課題があるのかが特定できます。

オペレーターの健康を気づかう姿勢を見せていく

欠勤の理由は、日本のほとんどの企業の場合は「体調不良」が一番多いようです。そのためしっかりとした体調管理を促すのがよいでしょう。例えば冬などインフルエンザがはやる季節ならば、手洗い・うがいを奨励したり、夏など食中毒のリスクが高まる季節ならば、日常の食事に気を付けるように啓発していきます。オペレーターの健康を気づかっていることを継続的に発信していくのがよいでしょう。ある企業では、病欠が3日以上続いた場合はそのオペレーターの自宅に医師を派遣するようにしており、その結果欠勤率が20％から8％にまで削減されたという事例があります。

病欠などの欠勤と、有給休暇取得に関するポリシーを明確にしておくのもひとつの方法です。インセンティブを導入している企業では、処理件数の多い日の欠勤はマイナス評価がなされるなど、出欠勤に関するインセンティブとペナルティが日によって重み付けされる仕組みにしているところもあります。

また欠勤が週末に多くなる傾向があることから、シフト間の賃金格差を設けているところもあります。

15

長く活躍する人を採用したい。そのために何をしていくか？

スキルとモチベーションの高いスタッフを採用することは、高いパフォーマンスの達成をもたらします。そんなスタッフにはできるだけ長く在籍してもらって活躍してもらいたいものです。どの企業でも離職率の抑制に努めていますが、ある調査によると、実際には採用後の研修が終わるまでに32％が、さらに3カ月目までに42％が、トータルで採用日から3カ月目までに61％が退職しているというデータがあります。つまり半数以上が3カ月以内に退職してしまっているのです。

14で述べた通り、生産性やコストに悪影響を及ぼしかねません。

いま働いているオペレーターに辞めてほしくないがために、過去の退職者について「なぜ長く勤められずに辞めてしまったのか」という観点で分析する企業もあるようですが、それでは失敗してしまいます。これも14でも述べた通り、退職理由を正確に把握することが難しいため、分析しても何の成果も得られないことが多いのです。

センターで長く活躍している人材を分析する

例えば受験勉強の体験談を思い出してください。失敗した人の体験談よりも、成功した人の体験談のほうが参考になるものです。つまり退職した人よりも、いままさにセンター内で長く活躍している人はどういう人なのか、傾向を把握して分析するのがよいのです。

そしてそのような活躍人材に実際にヒアリングをして長く勤めている理由を聞いてみると、「自宅から近いから」「アクセスがいいから」といった答えが返ってくることが意外にも多いのです。

ヒアリングの結果で長く勤めている理由がわかれば、それらのうち、採用条件に反映できるものは募集要項などに明記します。すると長く活躍できる人材を採用できるようになるのです。

しかしひと口に〝活躍〟といっても、そのレベルはさまざまです。そこで活躍のレベルを、次の3段階に分けて考えます。

①長く働ける人
②欠勤しない人
③活躍できる人、つまりパフォーマンスのいい人

段階的にそのレベルをブラッシュアップさせていったこの3つの要件は、長期活躍人材の定義ともいえる考え方です。

ヒアリングや分析をもとに、それぞれがどんな人なのかを特定し、採用の段階でこれらのことを意識しておくことで、長く活躍できる人材の確保がより可能になるでしょう。

しかしコンタクトセンターに限らず、いまはどの業界でも人材が不足しています。現実には3つの要件をすべて満たした人材を採用するのではなく、長く働ける人、欠勤しない人を採用するにとどまっているところも少なくありません。

パフォーマンスのいい人材については、採用後の研修などでの育成にゆだねているケースも多いようです。

16 モチベーションを維持させる、新人オペレーターの教育は？

コンタクトセンターにおける新人オペレーターの教育は、平均的に1週間から1カ月程度の期間でおこなわれることが多いようです。そしてその期間におこなわれる教育にはいくつかの種類があり、大別すると次の3つになります。

①座学研修（eラーニング含む）
②実践型研修（ロールプレイや模擬応対など）
③OJT（実際の顧客業務）

OJTは実際に現場のコンタクトセンターに出て業務をおこなうものですが、管理者などが隣について、指導を受けながらおこないます。

これら3つは、多くの企業で取り入れられていますが、そのほとんどが座学研修→実践型研修→ＯＪＴの順序でおこなわれています。まず座学ですべての知識をしっかりと習得して、それからロールプレイや模擬応対、それが終わってからＯＪＴへ、という流れです。しかしこれは、失敗しやすいやり方なのです。

最初に知識をすべて詰め込んでから実践へ移行していると、例えばロールプレイに取りかかったときにはその知識を忘れてしまっているということが起きるのです。これではせっかく時間をかけて座学をおこなっても意味がありません。

知識はインプットばかりではなかなか定着しません。適宜アウトプットしていくことで効率的に定着させていく必要があります。

座学で学んだことはすぐに実践するような教育手法がよいのです。すると新人オペレーターも「自分でもできた！」と思えるので、モチベーションの向上にもつながります。成功体験をさせながら教育していくのです。学んだことをすぐに活かすことで、知識はスキルになっていきます。

そのため、これら3つの方法を組み合わせた教育をおこなうのがよいでしょう。例えば座学で学んだらすぐにロールプレイや模擬応対で実践・確認してみて、再び座学に戻り、そしてＯＪＴといった流れです。

ナレッジの充実化が生き残りのカギとなる

知識面においては、最近はナレッジの充実化が重要視されるようになっています。知識を頭に入れていくのではなく〝読めばわかる〟状態にしておこうというものです。今後はこれがより重要になってくるでしょう。

最近、コンタクトセンターに寄せられる問い合わせは対応の難度が上がってきています。スマートフォンの普及など、お客さまの多くがセルフ解決できてしまう環境があるため、解決できないことのみが、有人のコンタクトセンターに入ってくるようになっているのです。当然、オペレーターの対応も難しくなっていきます。これまでのように座学のみで知識を習得するだけでは、対応できないケースも増えてくるでしょう。

ナレッジの充実化を図り、知識の共有ができていれば、新人オペレーターが独り立ちするまでの期間を短縮できます。研修に費やす時間やコストを削減できるので、今後はこの傾向がますます進んでいくでしょう。逆にナレッジの充実化ができていない企業は生き残れないかもしれないのです。

17

継続的な育成でスキルアップへ。それには、どうしていく？

研修を終えた新人オペレーターが一旦現場に配属されると、あたかも一本立ちしたかのように「じゃあ、しっかりやってね」といった具合に個人の頑張りに依存してしまうこともあります。これはコンタクトセンターに限ったことではなく、どんな業界・業種でも見られることでしょう。

しかしこれは「あの人はよくできる」「あの人はもうちょっと頑張ってほしい」などと、オペレーターごとのその後のパフォーマンスにバラつきが出てきてしまう原因になってしまいます。

そんなバラつきをなくすために、オペレーターが段階的にスキルを高めていくためのプランが必要になります。そしてそのプランを構築する際には、知識とスキルの2本立てで考えていきます。

まず知識について。業務に従事する期間が長くなればなるほど、その範囲も拡大していきます。これは業務の難度が上がっていくことを意味しています。業務の範囲が広がれば、それにともなって知識の範囲も広がっていくでしょう。業務範囲と知識はそのゾーンが同じなのです。

そのため現場配属後も3カ月後や半年後、あるいは一定のパフォーマンスに達したタイミングなど、継続的かつ定期的な教育の機会を設けなければなりません。

次にスキルについて。知識を習得しさえすればすぐにお客さま対応ができるようになるわけではありません。

例えば電話でもチャットでも、寄せられる問い合わせや苦情などは一様ではなく、習得済みの知識だけでは対応できないイレギュラーな問い合わせや苦情もあります。そんな場合に、持っている知識をどう表現してお客さまに伝えるかという問題もあります。

そのスキルも継続的に高めていかなくてはなりません。

そのために、実際の現場では管理者などによるモニタリングをおこない、フィードバックするということを毎月一度は必ずおこなうようにします。

この繰り返しがオペレーターのスキルアップにつながっていくのです。

フィードバックの際には、改善点などを伝えるのはもちろんですが、良かった点なども伝えるようにします。改善点、つまり悪かった点ばかり指摘されていると、モチベーションにも影響してきます。また同時に、定期的なコーチングも必要です。

スキルを可視化してモチベーションを高める

またスキルは可視化しておくのがよいでしょう。オペレーターの中には「自分はどんなスキルを身につければいいのか」「今後何をやって、どの程度までできるようになればいいのか」がわからない人もいます。これが一番の問題なのです。これはオペレーターに限らず、管理者でも同じです。

目指すべき到達点が見えていなければ、スキル習得のモチベーションも高まってきません。「こうなるにはこんなスキルが必要だ」「こういうことができるようになれば、自分はこうなれる」といったように、習得すべきスキルや習得後のイメージなどを可視化しておく必要があるのです。これは継続的な育成にも重要なことになります。

18

〝1on1〟の面談を実施。さて、どのようにすればいいの？

〝1on1〟とは、上司と部下がマンツーマンでミーティングをおこない、部下の成長をサポートするマネジメント手法です。コンタクトセンターにおいても、オペレーターが管理者とコミュニケーションを取る機会になります。

1on1ミーティングは、時間としては、およそ30分から1時間程度、必ず1対1でおこないます。完全な個室などでおこなう必要はありませんが、ミーティングの内容は、ほかの人と共有したりはしません。

1on1ミーティングはあくまでもコミュニケーションです。業務のひとつとして義務感でやってしまうと失敗してしまいます。

上司は部下のオペレーターとコミュニケーションを取る場合には、その人がどんな業務をしているか、把握した上でおこなう必要があります。これができていなければ、1on1ミーティングはうまく機能しないでしょう。

業務把握の方法は2つあります。ひとつはモニタリング。普段どんな応対をしているのかがわかります。2つめは数値による把握。つまりパフォーマンスです。パフォーマンスには1件あたりの平均通話時間や保留の頻度、欠勤の頻度などが含まれます。

そしてそのミーティングにおいては、一方的に課題を指摘するのではなく、課題が発生していることについて本人の気づきを促すようにします。その上で「次からはこうやっていきましょう」と、一緒に改善の目標を立てるのです。課題は一緒に見つけて考えて、一緒に解決するという、コーチング型の1on1ミーティングをおこなうのが重要です。

そして良い点も同時にほめてあげるようにします。一方的な指摘型や押しつけ型だとオペレーターのモチベーションにも影響してしまいます。

コーチングをおこなう人にもスキルが必要

1on1のコーチングをおこなうには、そのためのスキルが必要です。

COPCでは、オペレーターだけではなくコンタクトセンターに関わるすべてのポジションの人に必要なスキルが定義されています。それぞれがそのスキルを身につけておく必要があるのです。コーチングをおこなう管理者も、そのスキルを身につけておかなくては効果的な1on1ミーティングはできません。

COPCのスキルの考え方は、「あなたにはこの業務をおこなうスキルがあります」とライセンスを与える意味合いが含まれています。そのため、スキルを習得するだけではなく、テストを受ける必要があります。その結果、承認された人だけがコーチングをおこなうことができるのです。

COPCでは、1on1ミーティングをどれくらいの頻度で受けているか、管理者とオペレーターにアンケートを実施しています。

それによると、両者の意識にはかなりのギャップがあることがわかります。例えば1on1ミーティングの実施頻度について、月1回以上と回答した管理者側は86%いますが、オペレーターは56%で、かなり開きがあります。

管理者側は実施しているつもりでも、オペレーター側はそう感じていないということです。

これは、ミーティングの内容に問題があることが考えられます。

19

本人のモチベーションを上げる、〝キャリアパス〟とは何か？

キャリアパスとは一般的に、キャリアを積み重ねていくためのプロセスのことをいいます。そのため昇格していくためのプロセスというイメージが強いかもしれません。しかしオペレーターの場合はそれだけではありません。例えばスポーツの世界では「名選手、名監督にあらず」と言われることがありますが、それと同じで、いいオペレーターがいい管理者になるとは限らないのです。またキャリアを重ねて管理者になることが唯一の道ではなく、オペレーターという仕事を極めて、スーパーオペレーターになる道もあるということです。

そのため、個々のオペレーターの希望や個性、特性などを見て、オペレーターとしてその仕事を極めていくのか、または管理者となって活躍する道を進むのか、判断する必要があります。

これは採用段階から始まっていると考えるのがよいでしょう。

募集要項などに、管理者の登用条件などを明記しておくのです。すると「管理者って、こんなことをクリアしてきた人なんだ」ということがオペレーターにもわかり、管理者になるためにはどうキャリアを形成していけばいいのかが明確になります。採用段階でわかっていれば「自分は管理者を目指すからこんなキャリアを重ねていく！」「自分はスーパーオペレーターになりたいからこんなスキルを磨いていきたい！」などと、早い段階で目標を設定することができます。

採用後、例えば1on1ミーティングなどを通じて、オペレーター本人の将来的な希望などを聞いておく必要もあります。管理者を目指すのか、スーパーオペレーターになりたいのか、それによってキャリアパスの誘導の仕方も変わってきます。

キャリアパスのモデルケースをつくる

管理者への登用条件を明確にするなどのほか、キャリアプランのモデルケースをつくることもひとつの方法です。しかしその場合に留意しておかなければならないのは、そのモデルケースから漏れてしまう人がいるということです。

例えば飛び抜けて優秀なオペレーターがいた場合です。本人が次のステップを希望していても「まだ年次が浅いから」などと、モデルケースから大きく外れていることが理由となってそれがかなわない、といったこともあるかもしれません。これではモチベーションも低下してしまいます。

COPCでは、一般的なモデルケースと同時に、とくに優秀なオペレーターに合ったモデルケースをつくっておくことを推奨しています。

オペレーターを専門職と見なした給与体系もある

では給与面はどうでしょうか。これも少なからずモチベーションに影響を与えるものです。オペレーターの業務を極めていってスーパーオペレーターになった場合は、当然給与も上がっていくものと考えるべきです。

海外のある企業では、オペレーターを専門職として扱っており、それに特化した給与体系が設定されているところがあります。それによってオペレーターのモチベーションを高めているのです。

20 スタッフ〝定着〟へ。それを可能にする管理者の育成法は？

まず、管理者になるために必要なスキルを定義する必要があります。例えば日本の企業でよく見られるのが、会社の規定によって昇格していき、課長になったらほかの部署でも課長に、次長になったらほかの部署でも次長に、というパターンです。その会社の規定としては正しいことなのでしょう。しかしこれは、自動車の運転免許を持っているから飛行機の操縦もできますよ、ということと同じで、あるべき人事の姿ではないはずです。コンタクトセンターの場合は、そのような人事はするべきではありません。

コンタクトセンターの管理者として働くならば、それに必要なスキルを身につけておかなくてはなりません。管理者としてのミニマムスキルを提示し、しっかり研修を受けてテストにも合格していなければならないのです。

コンタクトセンターの研修の場合、オペレーター向けの研修は手厚く充実しているというケースは多いのですが、管理者向けとなると手薄になっていることも少なくありません。よく見られるのは「背中を見て覚えてくれ」といったようなOJT型の研修です。OJT型研修が悪いわけではありませんが、それが中心になってしまうことにはデメリットもあります。指導する人によって教え方にバラつきがあり、その人の〝クセ〟のようなものが反映されてしまって、管理者の育成が安定しないのです。やはりしっかりしたスキル定義に基づいた研修をおこなう必要があるのです。

そして管理者のミニマムスキルの中に、オペレーターとのコミュニケーションスキルやコーチングスキル、パフォーマンスの評価の仕方などを盛り込んでおきます。

フィードバックはオペレーターのためにおこなうもの

これはある企業のコンタクトセンターでの事例です。その企業は東京のコンタクトセンターに続いて、仙台にもセンターを新設しました。どちらでも同じように研修やモニタリング、フィードバックがおこなわれています。しかし両者のフィードバックの用紙に明らかな違いが見られたのです。

　仙台のセンターでは、フィードバック用紙が漏れなくしっかり書き込まれています。すべてパソコンで作成されたもので、何の問題もありません。一方、東京のセンターの場合は、パソコンで作成されたものもあるのですが、手書きのフィードバック用紙もあったのです。しかも黄色いマーカーで印が付されていたり、付箋などが使われていたりするものも少なくありませんでした。


　東京も仙台も規定通りの正しいフィードバックで、どちらも正解です。しかし東京のセンターでは、管理者の自発的な判断で工夫をして、大切なことは手書きにしたり、マーカーや付箋を使ったりしてフィードバックしていたのでした。

　フィードバックは管理者とオペレーターのコミュニケーションであり、管理者はオペレーターの成長を考えておこなうものです。東京のセンターではその目的もしっかり理解されており、自主的な工夫も許容されていたのでした。パソコンで作成するというルールを守ることは大切ですが、そこに目的もきちんと落とし込まれていて、そんな工夫も可とすることがルール化されていれば、新設されたセンターでも同じことができたかもしれません。

21

カスハラやクレームへの、効果的な対応方法はあるのか？

近年、カスタマーハラスメントは増加傾向にあります。クレームも含めてどう対処するか、組織全体でそのポリシーを明確に打ち出す必要があります。

カスハラもクレームも、その対応が比較的上手な人が組織内にいることがあります。「こういった場合は、○○さんに任せよう」と、暗黙の了解のように動いてしまうこともあるのですが、これが一番よくないのです。特定の人に任せっきりにするのではなく、組織全体で対応する体制をつくる必要があります。

ポリシーを定める際には、各オペレーターにある程度の権限を与えておくことが必要です。例えば応対時間が極端に長時間になってしまった場合や、お客さまに納得してくれる気配が見えない場合などは、オペレーターの判断で応対をやめて電話を切ってもよい、あるいは上席の人に代わってよいとするのです。

「応対時間が○分以上になったら」「こんな言葉を言われたら」など、状況に応じて対応を変えるルールを明確にしておくのです。またクレーム対応の専門部署を設けておき、そこに転送することもルール化しておきます。

管理者など上席の人が応対をモニタリングしながら、状況に応じて応対を代わる方法もあります。その場合も交代のタイミングをルール化しておきます。

また、応対時間が長時間におよんでしまった場合はアラートが出るシステムを導入しているケースや、応対内容がすべてテキスト化されて、それがリアルタイムにモニターなどに表示されるシステムを活用しているセンターもあります。

とてもアナログな方法ですが「Ｈｅｌｐ！」と書かれたうちわを各オペレーターが用意していて、いざというときにそれを掲げて管理者に知らせる方法をとっているところもあります。センターごとにさまざまに工夫しているようです。

大切なことは、カスハラもクレームも、ひとりのオペレーターに対応を任せてしまわず、センター全体で対応する姿勢を見せることです。

それがわかるだけでも、オペレーターも安心して働くことができるでしょう。

お客さまの感情をAIで分析して対処する方法も

クレームには大きく2つのタイプがあります。ひとつは不安になって連絡してくるタイプです。これは「このままだと自分は損をしてしまうかもしれない」という不安が不満になっている状態です。もうひとつはクレームを入れることを楽しんでいるタイプ。前者の場合は不安になっているだけです。人間の怒りの感情は長続きしないので、その不安を取り除いてあげることで収束します。言いたいことを言ってしまえば気持ちが落ち着いて収束するケースもあります。しかし後者の場合は楽しんでいるだけなので、応対時間が長引けば長引くほど、増長していき、終わりが見えなくなってしまいます。

この2タイプは、見極めが難しい場合もあります。最近ではAIを活用して、お客さまの感情を分析する手法も取り入れられています。その分析によると、不安と不満の感情の割合が高いのが前者、怒りの感情に喜びの感情が一定の割合で混じっているのが後者です。これによってどちらのタイプなのかを見極めて対応方法を考えるのも効果的な手法といえます。

22

〝インセンティブ〟の導入は、モチベーションアップに有効？

インセンティブの導入は、オペレーターのモチベーションアップに効果があることがわかっています。しかしそれは一時的なモチベーションアップには有効ですが、長続きしないこともわかっています。インセンティブのみによって長期間モチベーションを維持し、高めていくことは難しいでしょう。

例えばセールス系企業のコンタクトセンターの場合、キャンペーンなど集中的に販売を促進する期間は対応件数も増えます。販売件数や売上に応じて報奨金を出すなど、インセンティブを導入すれば収入もアップするため、モチベーションは上がります。

しかしそのキャンペーン期間が終了すると、同時にインセンティブの期間も終了してしまいます。するとオペレーターはそこに注力しなくなるため、とたんにモチベーションも下がってしまうのです。上がるのは早いのですが、下がるのも早いというデメリットがあります。

インセンティブの種類としては、給与アップや金一封など金銭的なものが多いようです。

金銭以外では、お菓子や休暇などを付与するケースもあります。またポイントを付与して、それが貯まれば自社の製品や提携する企業の商品などと交換できる制度を導入している企業もあるようです。

一方、企業によっては社長賞などを設けているところもあります。これは〝承認〟といわれるもので、普段の成績や行動、個人の成長に対するものです。受けた側にとっては、目標の達成や自身の成長などを実感できる効果があります。

これらは既存の制度の範疇《はんちゅう》で日常的に実践できることですが、効果があらわれるまでには時間がかかります。しかしすぐにモチベーションが下がってしまうこともありません。中長期的にモチベーションをじっくり高めていって、維持・向上させていくためには有効な方法といえます。

給与や賞品などを付与する短期的なインセンティブの導入と、中長期的な承認制度をうまく組み合わせた制度を導入して、モチベーションの維持・向上を図るのがいいようです。

Chapter 3

顧客情報や体験の把握と、高い〝満足〟の提供

23 活用を見据えた「VOC（Voice Of Customer）」の収集方法は？

お客さまの声であるVOCは、顧客満足度向上のためにも収集は必須です。収集・分析の際は、次のことに留意しておきます。

①どんな声でも集める

声の大小や内容などに関係なく、どんな声も集めることが重要です。それによって全体的にどんな意見が多く寄せられているのかを把握することができます。

②集めた声は種別ごとに集計し、分析する

集めた声の傾向分析、ほかの指標と組み合わせた分析をおこないます。改善点の把握、そして実施した改善活動の効果確認もおこなうことが重要です。

VOCの収集は、主に次の方法でおこないます。

①アンケート（体験調査）
②通常応対の中でお客さまから発せられたご意見
③コンタクトリーズン
④FAQの閲覧数

①のアンケートがもっともお客さまの声を集めやすい方法です。しかし回答内容があまりに多岐にわたるため、しっかり集計・分類する必要があります。
②は通常の応対の中で収集することのできるものです。ご意見というとクレームなどのネガティブなものをイメージしがちですが、お褒めの言葉などもこれに含まれます。
③のコンタクトリーズンは、お客さまがセンターに連絡をしてきた理由です。こちらも多岐にわたるため、分類が必要です。
④FAQは「よくある質問」ともいわれます。質問頻度の高いものを集約したもので、ウェブサイトなどで公開されています。FAQは質問項目ごとの閲覧数を確認することで、いまお客さまが何に困っているか、何を知りたがっているのかがわかります。アンケートや通常応対など、ほかのツールで寄せられた問い合

わせ内容を分析して、ＦＡＱの内容をアップデートしていけば、お客さまの問題解決までの時間が短縮されるだけでなく、コンタクトセンターの負担軽減にもつながります。

何の改善に活用するのかを明確にしておく

ＶＯＣは改善に活かすために収集するものです。コンタクトセンターの運営だけでなく、商品やサービスの品質向上までを見据えて、その収集や分析の方法を考えていきます。そのため、ＶＯＥの場合と同様に数値的に判断できるよう分類する必要があります。

その際に注意すべきことは、コンタクトリーズンの分類です。やってしまいがちなのが、単に「問い合わせ」という分類にしてしまうこと。しかしコンタクトセンターへアプローチしてくる理由はこの種別がもっとも多いため、これではその後の活用ができません。「〇〇についての問い合わせ」など、何の改善に活かすのかというところまでを見据えた分類をおこなうようにします。

24 目的に合う顧客体験調査（NPS、CES、CSAT）の設計と実施は？

顧客体験は「カスタマーエクスペリエンス（CX）」とも呼ばれます。これはお客さまが商品やサービスを利用するプロセスにおいて感じる心理的・感覚的な価値のことです。商品やサービスに興味を持った段階から、調査・検討を経ての購入、使用、そして購入後のアフターサポートまで、お客さまが企業と持つすべての接点における体験と、その体験に対するお客さまの評価を指します。

顧客体験の向上は、①ブランドイメージの向上、②リピーターの獲得、③口コミによる宣伝効果などが期待できるため、近年はこれを重要視する企業が増えています。そしてお客さまと直接やり取りをするコンタクトセンターこそ、この顧客体験の向上に注力していく必要があります。

顧客体験調査は、主に次の3つの方法でおこないます。

コンタクトセンターの管理者は、改善点や改善の目的などに応じて、それぞれの方法を使い分けるのがよいでしょう。

①NPS®（Net Promoter Score）
②CES（Customer Effort Score）
③CSAT（顧客満足度・Customer Satisfaction Score の略称）

NPSはお客さまがほかの人に薦めることができるかという、推奨度を測定するもので、総合的な顧客体験を測定する指標のひとつです。組織の提供する製品、サービス、サポート、ブランドやソーシャルメディアの存在の影響をうけるといわれます。ここには次のように、リレーショナルNPSとトランザクショナルNPSの2種類の指標があります。

・リレーショナルNPS
ある会社や商品、サービスなどについて「あなたはほかの人にどの程度薦めますか」と問いかけるもので、11段階で評価してもらいます。企業などブランド全体への評価を測定するもので、コンタクトセンターの改善には活用できません。しかし企業のイメージや売上とは関係性があり、商品やサービスの改善には活用できるものです。そのためお客さまの声としては、どの企業においても重宝されるものといえます。

・トランザクショナルNPS

お客さまとの接点が推奨度にどう影響しているかを測るものです。この場合は「このコンタクトセンターを利用してみて、ほかの人に薦められますか?」と問いかけます。総合満足度に近いものであり、こちらはコンタクトセンターの改善に活用できます。

CESはお客さまが商品やサービスを利用する際にかかった時間や労力などを測る指標です。「あなたは問題を解決するにあたってどのくらい苦労しましたか(簡単でしたか)」という質問に対して「苦労しなかった(簡単だった)」と回答した割合を見るものです。お客さまからの問い合わせへの回答、サービスリクエストへの対応、問題解決において、その企業が提供しているサービスチャネルがどの程度有効であったかを測定するためによい指標のひとつといえます。

コンタクトセンターで活用できるケースは、例えばお客さまが問題を解決しようとして、まずウェブサイトを見た、次にチャットで問い合わせた、さらに電話をかけてみたなど、複数のチャネルを使って解決を試みた場合です。お客さまがどんな問題を解決したかったのか、一気通貫で見る指標です。お客さまの労力を減らしたい（エフォートレス）ときに活用するものです。

CSATは顧客満足度のことです。お客さまがその商品やサービスをどの程度気に入っているかを測定するもので、通常、顧客満足度調査を通じておこないます。「大変満足」または「満足」と答えた回答者の割合を測定します。

コンタクトセンターの場合、ひとつのチャネル、例えばお客さまが電話を使って問題解決をしようとした場合、その電話というチャネルに対する満足度を測る際に活用できます。

総合的な満足度を聞くとともに、電話のつながりやすさ、オペレーターの説明はわかりやすかったかなどについても聞いていきます。そのためコンタクトセンターの個別対応の改善に活用できます。

25

顧客の〝満足度〟を左右する要素。それを、どう特定するか？

顧客満足度は、商品やサービスに対するお客さまの「期待」と、それらを実際に受け取った際の「質」との差によって決まります。両者の差が大きいと満足度は低下します。逆にお客さまの期待を上回る商品・サービスを提供できれば、顧客満足度は向上していきます。コンタクトセンターは、お客さまとの直接の接点となる部署です。ここでの応対品質が、満足度を左右することもあります。

顧客満足度を左右する要素を特定するには、主に次の3つの方法があります。

①相関分析
②お客さまへの直接ヒアリング
③フリーコメント

相関分析とは、2つのデータの関係性の強さを数値化して分析する手法のことです。相関分析の結果を相関係数といいます(図❺)。

相関係数は、データの単位に関係なく、マイナス1から1の間で示されます。相関係数が1に近づくと正の相関の関係が強くなり、マイナス1に近づくと負の相関が強くなります。0に近づくと関係性が弱くなります。

顧客満足度調査を実施した場合、この相関分析を用いて総合満足度に影響を与えているお客さまの具体的な満足因子、不満足因子を把握します。例えば電話のつながりやすさ、応対時間や解決までの時間、オペレーターの説明

図❺　相関分析の一例

	Q1 つながりやすさ	Q2 マナー	Q3 理解度	Q4 一次解決	**Q5 総合満足**	コメント
お客さま1	5	4	5	4	**4**	*************
お客さま2	2	3	3	3	**3**	*************
お客さま3	1	4	4	4	**4**	*************
						*************
						*************
お客さま250	4	4	5	5	**5**	*************

因子	相関係数
Q1　つながりやすさ	0.12
Q2　マナー	-0.32
Q3　理解度	0.75
Q4　一次解決	0.72

出典:プロシード

のわかりやすさ、親切さやていねいさなど、総合満足度に影響を与え得る潜在的な要素を特定します。

また、コンタクトセンターに問い合わせをしてきたお客さまに直接ヒアリングするという方法もあります。「お客さまがコンタクトセンターの応対においてもっとも重要だと思われることは何でしょうか？」と聞いてしまうのです。

これは、そのときに問い合わせをしてきたお客さまのネガティブな体験が左右してしまうことが多く、顕在的な要素を把握することになります。そのため相関分析の結果とは異なることもあるため、注意が必要です。

そして満足度調査などのフリーコメントで多く寄せられている意見から特定する方法もあります。満足しているときにはどんなコメントが多いのか、逆に不満足のときにはどんなコメントが見られるのかを把握して、総合満足度と見比べながら分析していきます。満足している場合は「オペレーターが親身になってくれた」「説明がわかりやすい」などの声が背景にあります。不満足の場合は「電話がつながりにくい」「オペレーターの対応が横柄だ」などの声が見られます。

26

収集したVOCを分析。それは、どのようにしていくべき?

収集したVOCの活用には大きく分けて2つの方法があります。ひとつはコンタクトセンター内部の改善に活用すること。もうひとつはコンタクトセンター外部の改善に活用することです。

センター内部においての活用は、応対品質の向上です。よりわかりやすい説明を心がける、お客さまにもっと寄り添った対応をするといったことです。

センター外部への活用とは、お客さまを困らせないようにすること、つまり、そもそも問い合わせが入らないようにしていくことです。

それ以外では、お客さまがコンタクトセンターを頼らなくても問題を解決できるよう、例えばFAQをアップデートする、商品マニュアルを改善する、商品やサービスを見直して改善するなどといったことに活用します。

ではVOCはどのように分析すればよいのでしょうか。ここではその分析例をいくつかご紹介しましょう。

①AHTとコンタクトリーズンのクロス分析

改善活動の優先順位を決めるための分析です。コンタクトリーズンごとにAHTや呼量（単位時間あたりの通信回線の占有量）など、複数の指標を組み合わせて分析することで、事業目標にマッチした優先改善対象を見つけやすくなります。

②モニタリング結果とポジティブな声の比較

顧客満足度が高い、またはフリーコメントでポジティブな意見が出ているコールは、モニタリングでも果たして高評価になっているのか、分析します。

お客さまからはポジティブな反応があるにもかかわらず、モニタリングでは低評価になってしまう場合があります。逆に、お客さまの反応がネガティブであるにもかかわらず、モニタリングで高評価になってしまう場合もあります。

モニタリングの基準とお客さまの評価の間にズレがある可能性が高く、評価プロセスの改善が必要になることを示しています。このような場合、一般的にモニタリングやカリブレーション（評価基準合わせ）、顧客満足度アンケートなどそのものの改善が必要です。

③CX調査結果への影響

なんらかの改善を実施したコンタクトリーズンについて、そのリーズンにおける顧客満足度を見ます。

「ネガティブなVOCが減ったか？」「アンケート結果が向上したか？」といった観点で見ることで、改善活動の効果測定ができます。

コンタクトセンターは有効なリスニングポスト

コンタクトセンターは全国津々浦々、いろいろな地域の、いろいろなお客さまからの声が寄せられるところです。お客さまの属性もさまざまで、多種多様な声を集めることができる、企業にとっては貴重かつ有効なリスニングポストです。

実にさまざまな要素が集まってきますので、集まってきた声は、センター内部だけでなく、企業として有効に活用していくべきでしょう。

27 「コンタクトトリガー」の分析で、「問い合わせ」を減らすには？

コンタクトリーズン（問い合わせの理由）に対して、コンタクトトリガーとは、問い合わせをするきっかけです。もともと問い合わせは不要であったにもかかわらず、お客さまがわざわざ問い合わせをしなければならなくなった出来事のことです。企業側にとっては〝前工程の失敗〟を取り戻すためのコンタクトであるといえるでしょう。

例えば自分が会員になっているスポーツジムからある日突然1通のダイレクトメール（DM）が届いたとしましょう。そのDMは「Aコースのお客さまは○月以降、ジムご利用可能時間が変更されます」という案内だったとします。自分がどのコースに加入しているかわかっている人は「自分はBコースだからこれは関係ない」としてそれを無視することができます。しかし自分のコースがわかっていない人や、内容を読んでも複雑でよくわからない、そもそも読む時間がないという人は、気になってそのジムのコンタクトセンターに問い合わせをしてしまうでしょう。

この場合、その人のコンタクトリーズンは「いままで通りの時間帯にジムを利用したい」というものです。そしてコンタクトトリガーは、そのDMなのです。このDMがきっかけで電話をしているのです。しかし電話をしたその人が変更の対象外、つまりAコース以外だった場合は必要のない電話であり、そもそもDMによる案内も不要だったはずです。対象となる会員は誰か、誰にDMを発送すべきか事前に把握して処理しておけば発生しなかったコールなのです。

また購入したオーディオ機器を自分で接続して使おうとしたが途中でわからなくなって電話をしてきた人がいたとします。これも取扱説明書などに、わかりやすい説明が記載されていれば発生しなかったコールだった可能性があります。

いずれも「発送先の精査をしていない」「わかりやすい取扱説明書をつくっていない」という企業側の〝前工程〟の失敗が発生させているものです。こういったことがないか把握・分析して改善することで、不要な問い合わせを減らしていくことができるのです。

28 「コンタクトリーズン」は、どのように活かすことができる？

コンタクトリーズンは、お客さまがコンタクトセンターに問い合わせをする理由です。これを把握・分析することで、お客さまのニーズや、自社が解決するべき課題などが見えてきます。コンタクトリーズンの収集は主にCRM（Customer Relationship Management）という顧客管理システムによっておこないます。

VOCと混同されることもありますが、VOCがお客さまの声、つまりニーズであるのに対して、コンタクトリーズンは問い合わせをしてきた直接的な理由のことです。

例えばある家電製品を購入したお客さまが、その製品を自分で自宅内に設置して使おうとしたけれども、詳しい設置方法がわからず問い合わせをしてきたとしましょう。

この場合、「自分で設置して使いたい」というのがVOCであり、そのお客さまのニーズです。そして、「設置方法がわからない」というのがコンタクトリーズンとなります。

コンタクトリーズンの把握は、商品やそれに関連するツール類の改善に直接つながるものです。先ほどの家電製品の例ですと、購入したお客さまが自分で設置しやすいものに改良する、取扱説明書で設置方法をわかりやすく解説するなどのように、商品やツール類にその声を反映させるのです。

またコンタクトリーズンを把握すると、そこから顧客ニーズを推測することができます。「設置方法がわからないから教えてほしい」というリーズンから「自分で設置したい」「自分で設置できる製品がほしい」という潜在的なニーズがわかるのです。

リーズンの分析でオペレーターの負担軽減や無人対応も可能に

ではコンタクトセンターの運営にはどう活かすか。

コンタクトリーズンを把握・分析した結果を商品やサービス、関連ツール類に反映させることができれば、そのリーズンによる問い合わせそのものを減らすことができます。センターやオペレーターの負担軽減につながります。

また分析によって特定のリーズンによるコンタクトの割合がとくに高いと判断される場合は、それをウェブサイトなどのＦＡＱや、トークスクリプトに反映させたり、オペレーターのスキル向上に役立てたりする方法もあります。

コンタクトリーズンの分析結果によっては、有人対応が必要なものと、無人対応でも可能なものとに振り分けることができます。そして自動化やデジタル化などの無人対応を推進する面での改善に活用していけます。

無人対応ではＦＡＱのほか、チャットボットやＩＶＲ（自動音声応答装置）の最適化にも活用できます。なかでもＩＶＲにおいては、自動音声の内容やガイダンスの順序などを見直すことで、ＣＥＳの改善にもつながります。

とくに最近はチャットボットが有効に機能していないために、その対応が増えているということが起きています。チャットボットがどんな問い合わせに有効なのか、リーズンの分析から把握して改善につなげていくのがよいでしょう。

29
VOCの活用。会社全体の〝改善〟へ、どうつなげていく？

ここではある企業の事例をご紹介しましょう。金融系のA社ではこのVOCをうまく活用しています。VOCの収集と活用は、コンタクトセンターだけが取り組んでもうまく機能しません。いかに全社的な取り組みに昇華させていくかがポイントになります。

このA社も、全社体制で取り組んでいます。A社の副社長がコンタクトセンターのことをよく理解しており、トップダウンでVOCの活用がいかに重要かということを全社に発信したのです。

A社は業界内でも有人店舗数がとくに多い企業です。全国の有人店舗の支店長をコンタクトセンターに集めて、センターのプレゼンテーションをおこなったのでした。コンタクトセンターが会社にとってどんな存在なのかを周知させるための活動を展開したのです。

これによって、コンタクトセンターの活動が会社全体にどう影響するのかが周知されていき、社内におけるコンタクトセンターの地位は向上していきました。会社のサービス全体の改善にもつながっていったのです。

とても大きな組織であったこともあり、トップダウンで実践できたことが大きな意味を持っていました。

コンタクトセンターは対顧客の最前線

コンタクトセンターを設置している企業はたくさんありますが、その活動については、意外にもその社内では知られていないというケースも多いようです。

コンタクトセンターはその企業にとって、お客さまと直接やり取りをする、いわば最前線のような部署です。その管理者が会社の上層部などにコンタクトセンターの活動やその重要性などを積極的にアピールしていく必要があります。

お客さまの声をダイレクトに受け取っているコンタクトセンターのことを知らないということは、お客さまのことも知らないということにつながってしまいます。お客さまのことを知らずにうまくいく企業などはあり得ません。

30

「CES（カスタマーエフォートスコア）」を改善するには、何をする？

CESは、お客さまが商品やサービスを利用する際に要した労力や手間、感じたストレスなどを数値化したものです。コンタクトセンターにおいては、お客さまが課題を解決するまでにかかった労力やストレスなどを計測する指標として活用されます。つまりお客さまの課題解決までの〝道のり〟です。

解決のために、いろいろなチャネルを活用することもあれば、ひとつのチャネルだけで解決する場合もあります。さまざまな道のりがあるのです。

お客さまにとっての労力なので、このスコアが高ければ高いほど、それが不満足因子になってしまいます。多いものとしては「チャットボットでは不十分なのでオペレーターと直接話したかったが電話がつながるまで長時間待たされた」「オペレーターの説明がわかりづらくて何度も聞き返した」「すぐに対応してほしいのに土日は対応してもらえない」などがあります。顧客満足度にも直結する大切な指標なので、しっかり分析して改善につなげなければなりません。

CESは一般的に、アンケート調査などで収集したデータをもとに計測していきます。問題を解決するまでにどれだけの労力がかかったのか、5段階、あるいは7段階または11段階で回答してもらいます。

例えば「労力がかからなかった」などのポジティブな回答が50%、「労力がかかった」などネガティブな回答が20%だった場合のCESは、50%−20%＝30%となります。

ほかの方法として、「自分の要望をスムーズに実現することに対し企業は支援してくれたか」という問いに対する肯定・否定の度合いを7段階（4はどちらでもない）で入手し、「強く同意する」「同意する」を選択した回答の割合で測定することも勧められています（ベンチマーク値は75%程度）。

CES改善の究極の目的はエフォートレス化

CESを改善するには、まずはお客さまの問い合わせ別にCESが何点なのかを把握します。例えば「製品に不具合が生じた」などの一般的な問い合わせと、「住所変更がしたい」などの手続きに関する問い合わせを比較した場合、どちらのほうがCESの点数が低いかということが見えてきます。するとどの改善に、より注力すべきか把握できます。そしてお客さまのリーズン別のスコアを把握し、その中でもとくにスコアの悪いものを把握して、改善につなげていくのです。

スコアの悪いリーズンについては、ウォークスルーなどを通じてどこにどんな労力がかかっているのか、実際に体験してみて、原因を特定していきます。

CESを活用した改善の究極の目的はエフォートレス化、つまり複雑なものをいかにシンプルにしていくかということです。あるいは人の手に頼らずともすべて自動化できてしまうようにする、といったことです。

例えば以前、パスワードリセットの問い合わせがとても多い時期がありました。コンタクトリーズンのナンバーワンだった時期もあるほどです。しかしいまは自動リセットが可能になってエフォートレス化ができているため、この問い合わせは減っています。

人の手を煩わせずにできるものは、いかにそれを実現していくか。シンプル化、エフォートレス化がCESの改善にはとても重要なのです。

31 顧客満足度を高めていく、「応対品質」の改善手法とは？

コンタクトセンターはお客さまに直接対応する部署であり、その企業の〝顔〟といっても過言ではありません。それだけに応対品質は顧客満足度や企業のブランドイメージにも直結する重要なものです。

25でご紹介した相関分析は、顧客満足度でもっとも重要な要素を特定するものです。応対品質についても相関分析によってお客さまの満足、不満足の要因を特定していきます。

相関分析によって、総合満足度にもっとも影響する要素が例えば「説明のわかりやすさ」となった場合、コンタクトセンター内ではその部分を高めていかなければなりません。

ではどうやって高めていくか。

この場合、まずセンター内でモニタリングをおこないます。するとオペレーターの説明の仕方だけでなく、言葉遣いやお客さまへの配慮の仕方、声のトーンなども把握できます。

そしてその結果を集計して数値化するのです。そして顧客満足度調査の結果と比較して、改善点を見つけていきます。

お客さま視点を保つためにカリブレーションを実施する

その際、注意しなければならないことがあります。

顧客満足度というのは、お客さまの評価、つまりセンター外からの評価です。これに対してモニタリングは、センター内で管理者などがおこなうため、センター内の評価ということになります。この両者を比較することで評価の〝甘い辛い〟が見えてくるのです。

例えば顧客満足度の評価、つまりお客さまの評価が低いにもかかわらず、モニタリング、内部の評価が高いとなると、そのモニタリングは〝甘い〟評価をしているということになります。モニタリングは内部の人がおこなうので甘くなりがちではありますが、そこは厳しくしなければなりません。この外部評価と内部評価のギャップを埋めていくことで応対品質を改善していきます。

また外部評価と内部評価に、極端な差が生じてしまった場合はカリブレーションという手法を用います。

カリブレーションという言葉にはもともとは「調整」「校正」などの意味があります。この場合はモニタリング担当者による「基準合わせ」という意味です。モニタリングの品質を向上させるために必要な手法といえるでしょう。

担当者も人間です。主観が入ってしまうこともあれば評価が甘くなったり厳しくなったりするなど、担当者間でどうしても〝ブレ〟が生じてきてしまいます。そのため担当者同士が、同一のコールに対するそれぞれのモニタリング評価結果を比較し、ブレをなくして一貫した評価をするための会議をおこなうのです。

これによって評価軸合わせをおこない、基準を厳しくしていきます。この作業を通じて、よりお客さま視点での評価ができるようになるのです。

カリブレーションは定期的に、少なくとも四半期ごとにおこなうようにします。評価のブレが大きい場合は、実施頻度を上げていくといいでしょう。またお客さま視点と客観性を保つために、定量的な基準でおこないます。

32

顧客関係を損なわない「架電（アウトバウンド）」はどのように？

コンタクトセンターでは受電をインバウンド、架電をアウトバウンドと呼びます。コロナ禍による対面での営業機会が減少する中で、アウトバウンド業務が注目されるようになりました。

アウトバウンドにはいくつかのメリットがあります。

まず、普段接点のないお客さまにアプローチができるという点です。例えばメールマガジンなどの配信登録をしているお客さまの中には、メールを見落としている人もいます。そんなお客さまに新しい商品やサービスの案内をすることができるのです。

また、アウトバウンドリストをもとに架電していくため、架電計画を立てやすいというメリットがあります。インバウンド（入電）が入電量を予測してオペレーターのシフトを組むのとは異なり、入電状況に影響されないため、センターの要員計画が立てやすいのです。

架電は企業側視点でおこなわれることを忘れないように

アウトバウンドで起こりがちなのが、一方的なセールストークです。お客さまの状況や都合などを確認せずに、一方的にセールストークを展開してしまうと、確実に「二度と電話してこないでください！」となります。不適切なタイミングでの架電は、顧客満足度の低下や顧客離脱のおそれがあるのです。

アウトバウンドはいかなる状況であっても企業側の視点でおこなわれています。受け手であるお客さま側には、コンタクトセンターに電話をする用件などはないのです。架電リストについては、架電の適切なタイミングを確認しておく必要があります。

アウトバウンドでお客さまに電話を切られることなく話をするためには、お客さま自身に口を開かせる、つまり話したいと思わせるトークをすることです。

オペレーターはまず、お客さまに対して質問をすることから始めます。「最近○○○が話題になっていますが、お客さまはもうお使いになられましたか？」という具合に話を始めていきます。〝脈あり〟な返事があれば「そうですか。実はお客さまにぜひお試しいただきたい商品がございまして」と会話を続けることができます。これは対面での営業でも同じことがいえるでしょう。これが顧客体験を損なわない方法のひとつです。

逆にお客さまから「いりません」「興味ないです」などとNOを突き付けられることもあるでしょう。その場合は無理に食い下がるようなことをしてはいけません。アウトバウンド先に下手に食い下がってしまい、こじれてしまうとそのお客さまへは二度と架電することができなくなってしまいます。お客さまの反応を見ながら、対応を決めていきます。例えば「いまちょっと忙しいから、かけ直してもらえますか」と言われた場合は、「ではいつごろお電話すればよろしいでしょうか?」と次回の架電日時の約束をして通話を終えます。

また「NO!」ではないけれども、迷っているような反応の場合は「実はいまこんなキャンペーンをおこなっていまして」と追加の提案をすることもあります。その反応に合わせてどんなアクションをするか、スクリプトを決めておきます。そのほか、架電での応対品質をチェックするルールも設けておく必要があります。

33 チャットでの顧客体験。注意しなければならないポイントは？

チャットは電話での応対とは異なり、お客さまとテキストでやり取りをします。そのため〝間〟が難しいのです。

通常、チャットの場合はお客さまからコメントがあれば、30秒以内にレスポンスをするというのが必須となっています。

やり取りで間が空いてしまわないよう「いまお調べしておりますので」「商品を確認しておりますので」などと、間をもたせることがあります。30秒以上空いてしまうと、お客さまは飽きてしまい、ほかのことを始めてしまったり、チャットでやり取りしていることを忘れてしまったりすることにもなります。さらに、オペレーターが呼びかけても応答してもらえないということになってしまうのです。そのため、いかに迅速におこなうかということが肝要です。

テキストでのやり取りとはいえ、チャットはメールとは異なります。そのためひとつのコメントが長くならないよう、短い文章でコメントを送るよう注意する必要があります。

短い文章であるがゆえに30秒以内にレスポンスできるということもあるでしょう。最近はＬＩＮＥなどでお客さまも短い文章でのコメントに慣れています。長い文章だとスクロールしなければならないなど、お客さまの手間が増えてしまい、読む意欲をそいでしまうことにもなりかねません。

またチャットは一問一答の形式になりやすいものです。そのためラリーが長くなってしまいがちです。お客さまが何を求めているのか、きちんと把握してゴールを見定めて、そこに誘導していかなければなりません。お客さまからの問いかけに対しても「こういうことでしょうか?」などと確認の投げかけをしながらリードしていくのです。

お客さまの中には、ちょっとわからないことがあっただけで、チャットで質問をし、それがきちんと解決しないままでまた次の質問をするということを繰り返す人もいます。きちんとリードしていくことで、真の解決に導くようにする必要があります。

お客さまは問い合わせのプロではないことを認識する

またお客さまに質問を投げかけるときは「いかがでしょうか?」などと文末にクエスチョンマークを入れて「いま質問していますよ」ということが伝わるようなコメントを送ります。そしてその回答を待ってから次の質問やコメントを送るようにすることで、タイムラグによるやり取りの行き違いなども防ぐことができます。

またシステムによっては「既読」や「入力中」など、お客さまのその時点での状況がわかる表示がされることもあります。「入力中」と表示されている間はコメントを送らない、「既読」のままで反応がないときは「いかがでしょうか?」と送るなど、確認しながらおこなうこともタイムラグによる行き違いを防ぐひとつの方法です。

チャットのように短い文章でのやり取りでは、お客さま自身が言いたいことをうまく表現できていないこともあります。その場合は「こういうことでよろしいでしょうか?」と確認することも必要です。これは電話での応対でも同じことがいえます。お客さまは問い合わせのプロではありません。お客さまの疑問を解きほぐしてあげながら応対することも必要なのです。

チャットでもスピーディーな解決が期待されている

チャットにおいても、お客さまの多くが早く問題が解決することを期待しています。COPC社の調査によると電話の場合と同様、チャットにおいても問題解決の早さが顧客体験にいい影響を与えることがデータに明確に表れています。問題を解決するためのコンタクト回数が少ないほど、顧客満足度（CSAT）、カスタマーエフォートスコア（CES）、ネットプロモータースコア（NPS）のいずれも高くなっているのです。

また解決までに要する時間についても、お客さまには期待する時間があることがわかっています。1～3分以内に回答が得られることを期待しているお客さまは48％、1分以内に回答が得られると期待しているお客さまは12％いることがわかっています。

Chapter

4

最新テクノロジーと〝自動化〟の実情と課題

34 コンタクトセンターで利用されている〝テクノロジー〟とは？

コンタクトセンターは問い合わせをしてきたお客さまに、有人チャネル（ヒューマンアシステッドチャネル）と無人チャネル（デジタルアシステッドチャネル）の2方面で対応しています。

デジタルテクノロジーの進化とともに、これらのチャネルも進化を続けています（図❻）。

お客さまとの直接接点となる部分では、有人チャネルとして電話やメール、チャット、LINEなどがあり、無人チャネルには、ボイスボットやチャットボット、FAQサイトなどがあります。ボイスボットはお客さまの発話音声を、チャットボットはテキストを認識して、システムが回答を提供したり、より詳しく回答できる有人チャネルにコールを転送したりします。

お客さまの目には触れないバックエンドでも、業務の効率化のためにさまざまなテクノロジーが導入されています。

Chapter 4

例えばＣＴＩ（Computer Telephony Integration）は、電話とコンピューターを連携させ、入電時にはお客さまの電話番号からその情報を自動で検索してオペレーターに提示します。

ＣＲＭ（Customer Relationship Management）という顧客管理システムは、記録した過去の応対ログを新しい応対に活用したり、ほかのシステムと連携させたりします。ＣＲＭは分析システムとも連携しており、応対評価や通話分析をおこなっています。

ＲＰＡ（Robotics Process Automation）は応対記録の作成など、人の手でおこなっていた作業を自動化するシステムです。

いずれのシステムも、お客さまの課題をスムーズに解決し、コンタクトセンターの業務効率化を向上させるためのもので、今後、さらなる進化も予想されます。コンタクトセンターの責任者は、これらを把握する必要があるでしょう。

図❻は、すべてのセンターで導入されているシステムばかりではありませんが、有人対応とテクノロジーの良好なバランスを保ちながら、コンタクトセンター運営の合理化を進めていかなければなりません。

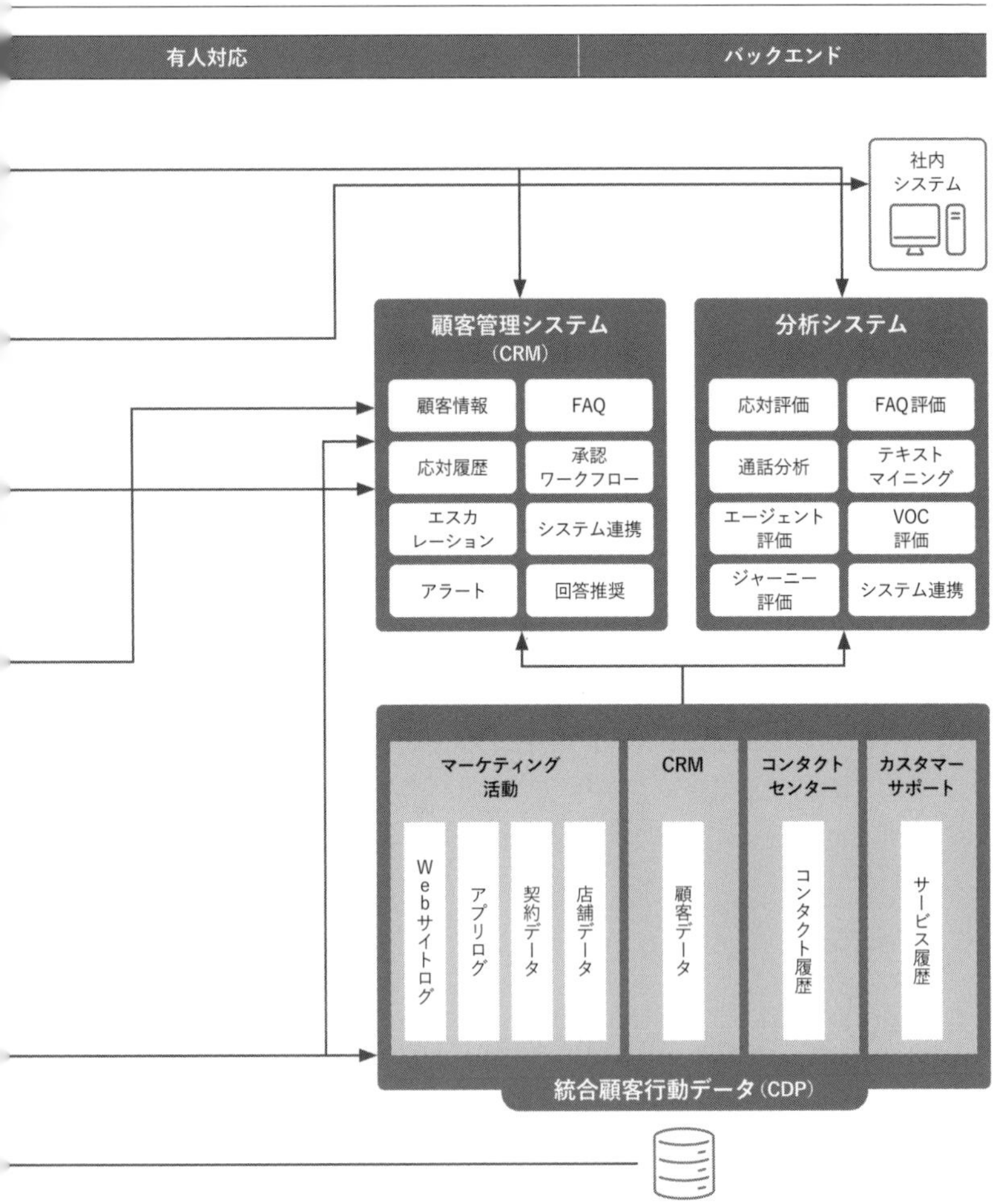

有人対応
バックエンド
社内
システム
顧客管理システム
（CRM）
顧客情報
FAQ
応対履歴
承認
ワークフロー
エスカ
レーション
システム連携
アラート
回答推奨
分析システム
応対評価
FAQ評価
通話分析
テキスト
マイニング
エージェント
評価
VOC
評価
ジャーニー
評価
システム連携
マーケティング
活動
Webサイトログ
アプリログ
契約データ
店舗データ
CRM
顧客データ
コンタクト
センター
コンタクト履歴
カスタマー
サポート
サービス履歴
統合顧客行動データ（CDP）

Chapter 4

図❻　コンタクトセンター　システムの概念図

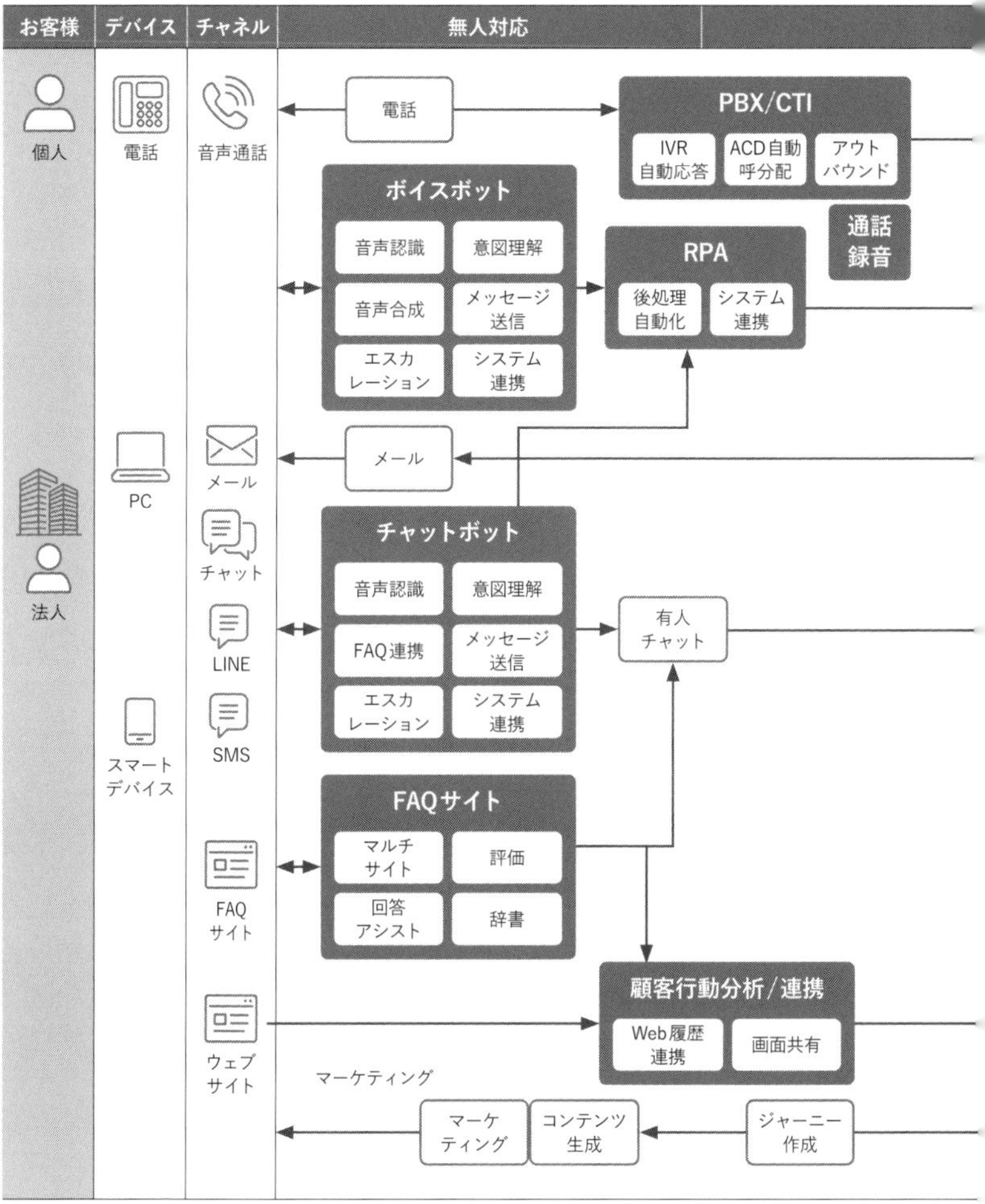

出典：プロシード

35 AIは、どの領域で、どんな形で導入するべきなのか？

コンタクトセンターの運用にAIを活用することへの関心が高まっており、実際にAIの導入が進んでいます。AI導入の主な目的には、次のようなものがあります。

①顧客体験の向上
②コストの削減
③有人チャネルの業務量削減
④オペレーターの生産性向上
⑤不正防止・コンプライアンス管理

最近では、お客さま対応のものよりも、オペレーター支援のAIが主流になっています。

チャットボットやメール、ＦＡＱなど、お客さまに対応するチャネルが多様化しているのです。無人チャネルもあり、お客さまがオペレーターを頼らずに自身で問題を解決できてしまうことも増えました。

しかしそのことによって、お客さまが自身で解決できなかった問題が有人チャネルに寄せられるようになっています。これはコンタクトセンターに寄せられる問題の難度が上がってしまっていることを意味しており、オペレーターにはより高い応対スキルが求められるようにもなっています。

そこでＡＩの出番となります。電話で問い合わせが入った場合、お客さまとオペレーターのやり取りをＡＩが認識して、適切な回答や対応方法を教えてくれるというものです。

難度の高い問い合わせの増加は、オペレーターへの教育の必要性を高めますが、時間もコストもかかります。またオペレーターの平均年齢も上がってきているため、オペレーター支援のために導入を検討している企業が増えています。オペレーターにとってもひとりで対応するよりも心強いため、従業員満足度にもいい影響を与えているようです。

36

ＡＩ導入のＲＯＩ。コスト削減への効果をどう検証していく？

ＡＩの導入にはそれなりのコストがかかります。しかし有人対応だったものを無人化・自動化することにより、人件費などの運用コスト削減につながるメリットがあります。

ボイスボットもチャットボットも、お客さまが求めている回答を１００％提供できれば、人に聞く必要がありません。ＡＩが人に代わって対応できる部分を増やしていけば、呼量など有人対応しなければならないものを削減することができます。その状態へ導いていくことが、ＡＩ導入の成果の出し方であるといえます。

ＡＩ導入の効果を完全に測定するのは難しい

しかし、ＡＩで解決できるようになったことと、コンタクトセンターへの呼量が減少したことを紐づけて特定することは困難といえます。

例えばＡＩの回答で問題が解決した人が、その後その企業にコンタクトしていないことを立証するのは難しいのです。ある特定の問い合わせについて自動で問題を解決するシステムを導入した後に、同じ問い合わせでの呼量が減ったということをもって自動化の成果と捉えることしかできません。問題を抱えているお客さま自体が減っていたり、質問内容自体がタイムリーでなくなったりなど、呼量減少の理由はほかにも考えられるからです。

アプリケーションなどで自動問い合わせを受け付けるシステムの場合は、「不明点がある場合はこちらをクリックしてください」というコールボタンが設置されていることがあります。その自動回答に満足していない人にクリックを促すシステムです。しかしこれもクリックされれば「解決しなかった」と見なし、クリックされなければ「解決した」と見なすことしかできません。クリックが少なければ、それを呼量減少と紐づけて考えるしかないのです。

また、ＦＡＱサイトなどでは「問題は解決しましたか？」「お役に立ちましたか？」などのようにそのサイトを活用した効果を問うボタンが設置されているケースもあります。しかしそのボタンをクリックする人は全体の１～２割ほどしかおらず、効果測定の手がかりになる数値がなかなか得られないという現実もあるのです。つまりＡＩ導入のＲＯＩ（費用対効果）を完全な形で示すことは、現状では難しいといわざるを得ません。

現状のＡＩではその導入効果を実感できない

図❼はコンタクトセンターにおけるＡＩの導入率と、活用領域、そしてＲＯＩを調査して示したものです。回答しているのはコンタクトセンターの管理者で「費用対効果があった」と、どの程度実感しているかがわかります。導入してから効果が表れるまでの期間などは反映されていません。管理者の主観的な回答によるものですが、ＡＩ導入を検討する際に参考になる示唆を含んでいます。

多くのセンターで活用され、ＲＯＩも高いと管理者が感じている領域は右上に集まりますが、まったくありません。高いＲＯＩを示している領域は「業務量予測」ですが、80％弱ほどにとどまっています。それ以外のほとんどすべての領域が、30％～60％前後に集中しています。高い導入率を示している「チャットボット」でＲＯＩを実感している組織は50％ほどになっています。

図❼　顧客体験の未来―AIを活用したサポート

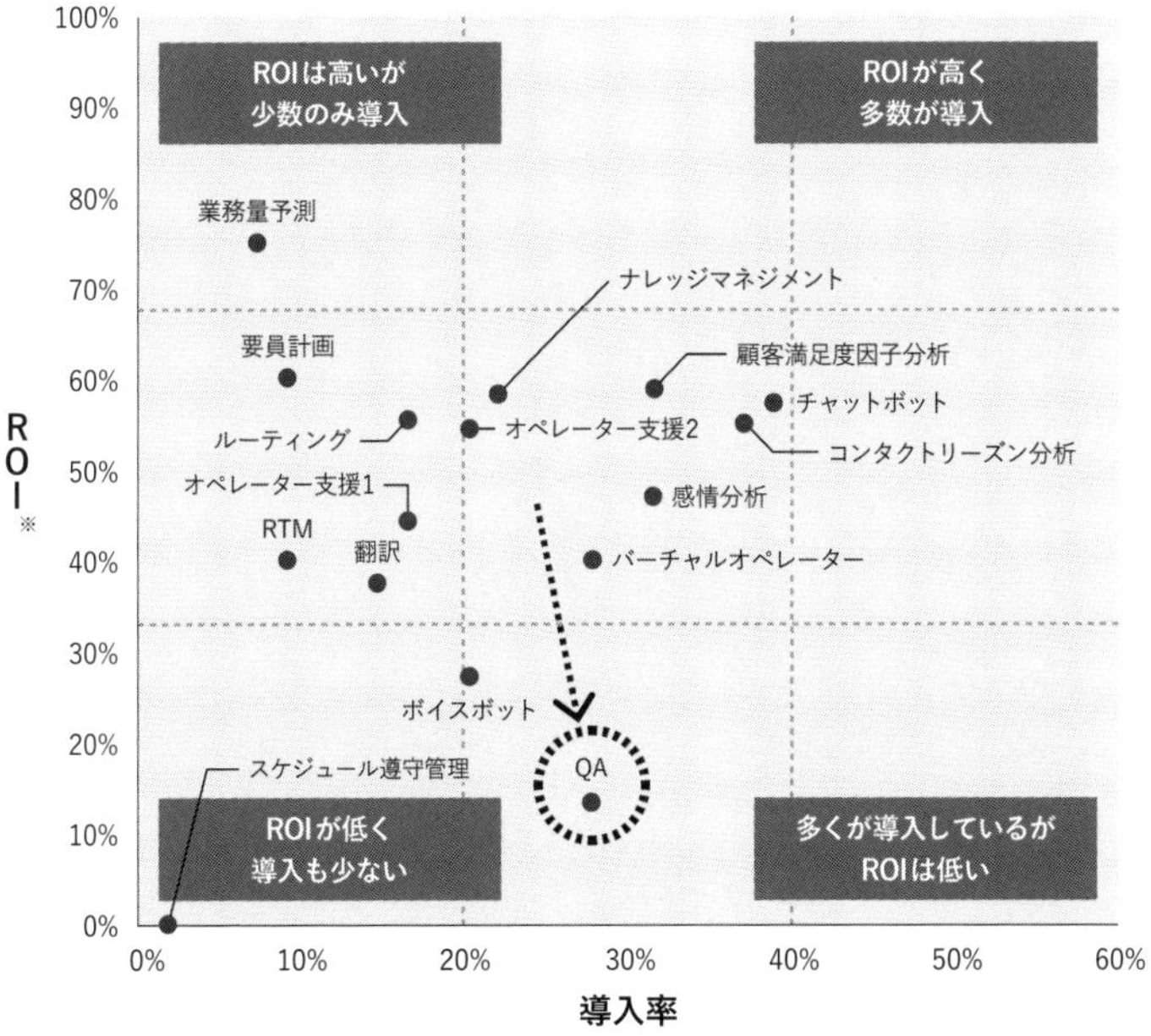

※ROI
＝テクノロジーを使用していると回答した組織のうち、
投資に対する収益が見られたと回答した組織の割合

出典：プロシード

注目すべきは「QA」で、AIにオペレーターの応対評価をさせた場合のROIについて聞いたものです。前回調査では50％近くの管理者がROIを実感していたのですが、約1年後に実施された直近の調査ではそれが10％近くにまで下落しているのです。高いROIを期待して導入してみたものの、その効果は実感できなかったということでしょう。現時点では、まだ応対品質の評価をAIに100％委ねることはできないとの判断となっているように考えます。

AIは導入後もそれなりにコストがかかる

またAIは、一度導入してしまえば、以降は無料で利用できると思われがちです。しかし、AIは使用するたびに何らかのコストが発生します。つまりAI化・自動化して有人対応を無人化したからといって、その部分のコストがゼロになるわけではないのです。

企業によって商品やサービスも、事情も異なります。当然それぞれのコンタクトセンターの役割も異なります。運用コストの大幅な削減につながるかどうか、各企業で検討していく必要があるといえるでしょう。

37

チャットボットの導入。そこに、どんな失敗例があるのか？

最近は、チャットボットを導入しているコンタクトセンターも増えています。人を介さずにお客さま対応ができることで、新規で導入を検討している企業もあるでしょう。しかしチャットボットの導入が顧客満足度の向上につながっているかというと、必ずしもそうとは言いがたい状況があります。その活用が最終的にお客さまの問題を解決するに至らないというケースが多いからなのです。

チャットボットの場合、お客さまがパソコンやスマートフォンなどから質問を入力していきます。しかし文字認識がうまくいかないことがあります。また最終的にウェブや有人チャネルに誘導することも多いので、お客さまにとってみると手間が増えるだけで、期待値を下回る結果になります。するとチャットボットを二度と使ってくれない、そして満足度が低下するということにもなるのです。

最終的な問題解決に導けないものについてチャットボットを導入すること自体に問題があるといえます。大手企業などの場合、セキュリティの関係上、チャットボットにお客さまの個人情報が入力できないようになっていることもあります。個人情報がわかればすぐに解決できる問題もあるのですが、それができない仕組みなのです。つまり万人向けの回答しかできないということです。また人を介さないデジタルの対応は、高齢のお客さまの中には苦手にされている方もいるというデメリットもあります。いろいろな条件に基づいて回答を出さなければならない一般的な問い合わせは、解決に導くまでの時間がかかります。お客さまの抱える諸事情なども考慮しなければならないこともあります。

ではチャットボットはどんなことに向いているのでしょうか。

例えば何かの申し込みや依頼など、手続き系の問い合わせの場合は、チャットボットなどの自動対応が比較的向いているといわれます。また企業に不満を言いたいお客さまの中にはあえてチャットボットを使う人もいます。人に直接言いにくいことでも、チャットボットならば言えるということもあるようです。

これらのことから、今後はチャットボットがどんなケースに向いているか、向いていないのか、活用のシーンをしっかりと区分けして、導入領域も考えていく必要があります。現状ではそれができていないために、お客さまの問題解決ができず、不満足因子になってしまっているといえます。

38

チャットボットの利用数を増やす。そのために何をしていく？

企業などがチャットボットを導入する大きな理由のひとつは、セルフサービステクノロジー（SST）の導入によって運用コストを削減することです。しかしそれによってお客さまの体験を損ねてしまうことがあれば、その領域はチャットボットに任せられないということになるでしょう。そのため、チャットボットで対応することと、そうでないことを明確にして利用を促進していく必要があります。またチャットボットに限らず、人を介さないシステムでお客さま対応をする場合に大切なことは、それをお客さまに強制してはいけないということです。

ありがちなのは「今後はすべて有人対応からチャットボットでの対応に切り替えます」というもの。強制的にチャットボットを使わせようとすると、それがお客さまにとっての不満足因子になってしまいます。いかに〝強制されている感〟をお客さまに与えずに導入して、活用を促すかがポイントになります。

そのため、チャットボット活用のメリットを伝えていく必要があります。

例えば電話での有人対応は曜日や時間が決められていますが「チャットボットならば365日24時間、目的が達成できます！」といった、利便性や即応性を訴求していきます。チャットボット以外のチャネルでのサービスが受けられない時間帯でも、目的が達成できるという点が大きなメリットであるといえます。

またお客さまが積極的にチャットボットを使用したくなる〝しかけ〟も必要になってきます。例えばある大手回転寿司チェーンでは、空いたお皿は店員が片付けず、お客さまが自分で片付けることにしています。テーブルにある投入口にセルフで入れていくのですが、それでゲームを楽しむことができます。

セルフで何かをしなければならないけれども、同時に楽しいことやメリットもあるというのがこれらのシステムなのです。チャットボットにおいても、セルフで問題を解決しなければならない一方で、そこに楽しいことやメリットもある、そんなシステムにしていくと活用が促進されてくるかもしれません。

お客さまの中には、人とのコミュニケーションが苦手という人もいます。そういった人にはチャットボットは有効なのかもしれません。それで問題が解決すればよいのです。大切なことは、いかにお客さまの体験を損なわず、最終的に〝問題の解決〟が提供できるかということです。

39

チャットボットの有効性を把握する……。その指標とは？

チャットボットの有効性を把握するためには、次のような指標を用います。

①認識精度（クオリティ）
②自律処理率（サービス）
③サービス率（サービス）
④会話あたりのメッセージ数（効率性）

認識精度は、言葉の認知度です。これはチャットボットでもボイスボットでも同じですが、お客さまの話したことや入力した文字を正しく理解できているかということです。「もう一度言ってください」「もう一度、別の言葉で入力してください」と問い返すことがないよう、お客さまの言いたいことをきちんと理解しているかという指標です。

自律処理率は、エスカレーションすることなく、チャットボットのみでお客さまの問題をどの程度解決できたかという指標です。お客さまがやり取りの途中で有人チャネルなどへの転送を希望した場合などは、この数値が低下します。

サービス率は、お客さまにとっての使いやすさを示します。この数値が低ければ、使いにくさやシステム上の問題があることがわかります。

会話あたりのメッセージ数は、ひとつの問題を解決するために、チャットボットがお客さまに対して何回メッセージを送ったかを示すものです。認識精度が低ければ、この数値も悪くなります。

チャットボットについては業界内においても、どんな指標を使うべきか洗練されてきています。またCOPC規格にも指標が用意されています。

会話型のフロントラインのデジタルチャネル、つまりお客さまとの直接の接点において、一問一答ではなく会話をしながら解決に導いていくというタイプのものの場合に使うべき指標もあります。

それぞれの企業ごとに、それらの指標を参考にしながら改善を目指していくのがよいでしょう。

有人をすべて無人化するにはまだまだハードルが高い

そのやり取りが満足だったか、顧客満足度もひとつの大切な指標です。しかしチャットボットは有人対応に比べると、これがかなり低いのが実情です。STTへの移行は、顧客体験を維持しながらおこなわなければならないのですが、そこが損なわれているのです。

有人対応がすべて、機械など無人対応と入れ替わってしまうような、〝0－100〟の完全な逆転というのは現状では考えにくいといえます。やはり有人対応でのアシストとしての機能が当面は期待されていくでしょう。

例えばお客さまとの電話でのやり取りをＡＩなどが認識して、回答の75％ほどを作成し、それをオペレーターが編集してお客さまに送る。あるいはオペレーターに必要な情報がモニターなどに表示されて、それをオペレーターが読み上げる。こういったオペレーターとＡＩの役割分担ができていくこと、つまり〝0－100〟ではなく〝25－75〟くらいの割合での協働状態が、まずは目指すべきところなのではないでしょうか。

40

〝セルフサービステクノロジー〟の導入。成功の秘訣は何か？

お客さまがコンタクトセンターにアクセスする際、そのチャネルについてはお客さま自身が使いたいものを使うのが一般的です。しかしコンタクトセンター側の事情もあり、例えば有人対応が厳しいためセルフサービステクノロジー(SST)のチャネルに誘導することを検討している企業も多いでしょう。

38でも述べたように、SST導入の際はお客さまに「強制された」という印象を与えないことです。お客さまにとってのメリットを伝えてSTTに誘導していくのがよいでしょう。その上でお客さまが自分の意思でそれを利用して「これは便利だ」と思えるようになれば成功です。

COPC社の調査では、90％のお客さまが有人対応を望んでおり、SSTを希望しているのは10％にとどまっていることがわかっています。SSTへの移行は一気におこなうのではなく、ほかのチャネルとの併用という形をとりつつ、徐々にそして慎重に移行していくのがいいようです。

お客さま目線のシステムを設計すべし

ＳＳＴは、中途半端なシステムでサービスリリースをすべきではありません。そのシステムは使い勝手が悪いという印象が一度植え付けられてしまうと、お客さまはそれを二度と使ってくれなくなります。

そのためしっかりとしたシステムを開発しなければなりません。お客さまが問題を抱えてコンタクトセンターにアクセスする場合、どんな手順をたどってくるのか、お客さまのジャーニーを考えて設計する必要があります。

コスト削減のためにＳＴＴを導入したある企業では、そのシステムがお客さま目線で設計されたものではなかったため不満足因子となってしまったというケースもあります。それによって〝顧客離れ〟を引き起こしてしまっているのです。

ＳＴＴを導入する際には、お客さまの期待値や行動様式などをしっかり理解した上で事業計画にも盛り込んで実行する必要があります。

41 AIでオペレーターの支援を。それを可能にする方法とは？

オペレーターがお客さまに対応しているときのAIによるサポートには、いくつかのパターンがあります。

①応対時のサポート：関連するコンテンツ・ナレッジの自動提示

オペレーターとお客さまの会話を聞きながら、その情報をもとにAIがナレッジやコンテンツの中からもっとも関連するデータを見つけて、それをオペレーターに見せてくれるというものがあります。

オペレーターはそれを見ながらお客さま対応ができます。システムの中に格納されているナレッジを提供するというものです。

②応対時のサポート：オーダーエントリーシステム

不具合のあった商品の交換や返品などの問い合わせが入った際、その会話のやり取りをＡＩが認識して、過去のログからそのお客さまの購入商品や代替商品の在庫確認、発送の段取りまでをやってくれます。オペレーターはそれを確認して承認ボタンを押下するだけでよいことになります。

これは電話での応対だけではありません。メールでお客さまとやり取りをしている場合では、お客さまから質問が届いたとき、それをＡＩが読み込んで回答をつくってくれます。それをそのままお客さまに送るのではなく、オペレーターが読み込んで編集して送るというものです。

③後工程への自動連係：応対ログの自動まとめ

電話のオペレーターは通話が終わると、顧客管理システム（ＣＲＭ）に応対ログを格納します。応対日時やお客さま属性、問い合わせ内容や提示した解決策などを記録するのです。

通常はオペレーターが応対内容をサマリーとしてまとめるのですが、この内容もＡＩが作成してくれます。オペレーターはそれをコピー＆ペーストするだけでよいというものです。オペレーターの負担は確実に低減し、次の問い合わせに移行するまでの時間も短縮できます。

42 研修や品質管理領域へのAI導入……。どう、効果を出す?

ＡＩは応対以外でも、研修やコーチング、ナレッジの作成などで活用することもあります。

①研修:ロールプレイの相手

最近のコンタクトセンターの研修は、集合研修だけでなく、セルフスタディ形式のものも増えています。オペレーターの研修では、応対のやり方を学ぶ模擬応対というものがあります(ロールプレイ)。一般的には、管理者や研修担当者など人間がお客さま役になっておこないますが、それをＡＩがやってくれるのです。過去の応対事例などをもとに複数のシナリオを作成してＡＩに覚えさせれば、いろいろなパターンのロールプレイが可能になります。

オペレーターが「こんなお客さまへの応対を練習したい」などと自分で選択して学習することもできます。

②コーチング：応対評価と改善へのアドバイスの提示

オペレーターとお客さまの電話のやり取りを、人間ではなくＡＩがモニタリングしているようなイメージです。応対中や応対終了後に、テキストなどでアドバイスしてくれます。例えば「お客さまの発話とかぶっていることが多かった」「声のボリュームをもう少し調整したほうがよい」「会話のペースがお客さまとかみ合っていなかった」など、改善すべきポイントを指摘してくれるのです。

またお客さまから想定外の質問がなされ、即答できずに慌ててしまうオペレーターもいます。その場合も「〇〇〇と返答するのがよい」「〇〇〇の事例を説明するのがよい」などと、適切な返答例を提示してくれます。

③ナレッジ作成

ナレッジの自動作成というものもあります。過去の応対事例などをナレッジとしてシステムに格納していきますが、お客さまとのやり取りの中に前例のない新しいタイプの応対が出てきた場合は、それをナレッジ化して格納してくれるのです。次に同じような応対が発生した場合にそれを探してオペレーターに見せてくれるようになります。

43
オペレーターが用いるナレッジは、AIで自動生成できるか？

まったくのゼロからAIで自動生成することは現状では難しいといわざるを得ません。しかし応対の内容や結果を自動で保存してテキスト化するシステムもあり、それをナレッジ化していくことは可能でしょう。

従来、コンタクトセンターでのナレッジ作成は、過去に事例のない応対があった場合、担当したオペレーターが「こんな問い合わせがありましたが、応対事例がありません。新規で作成してください」とリクエスト。組織内のナレッジ管理担当者が、リクエストに基づいて実例を参考にナレッジを作成していたのです。

ひとりの管理者が作成するため、統一感のあるナレッジができるのがメリットでした。しかしその管理者の負担が大きいのも事実です。そこがボトルネックになってしまって、ナレッジ化がなかなか進まないということも多かったのです。

とくにお客さまからの問い合わせは〝旬〟なものが多く、例えば新製品が発売されたり、キャンペーン期間はそれに関する問い合わせが急に増えます。そのような問い合わせは過去に応対事例がないことも多く、ナレッジ化は急務であることも多いのです。しかし管理担当者がひとりで対応していると、ナレッジが完成して格納できたころにはその〝旬〟が終わってしまっていることもあります。ナレッジをスピーディーに作成し、タイムリーに実用化することが課題でしたが、AIによるナレッジの自動生成が可能になれば、課題は解決するでしょう。オペレーターが検索しても出てこない新規の問い合わせは、その場ですぐにAIが「Q」の部分をつくり、「A」は担当したオペレーターや管理者などが作成するという流れで新しいナレッジをつくるのです。次に同じ問い合わせがきたときには、オペレーターはそれを参考にすぐに対応できるようになります。

音声の文字化やサマリーの作成はAIが得意とするところです。例えば応対のサマリーからQ&A形式のものを作成したり、その企業のナレッジのフォーマットをAIに覚え込ませたりすると、それに合わせた形式でのナレッジ作成方法を提案してくれます。それらを管理者が承認するだけでよいので、スピーディーにナレッジ化の作業が進みます。

このようにしてAIの自動生成機能を使って、ナレッジをタイムリーに拡充させていくことが可能になっているのです。

44

AIの進化。コンタクトセンターのオペレーターは不必要に？

ＡＩが進化していくと、業界・業種を問わず多くの仕事がそれにとってかわられると危惧する声を耳にすることがあります。コンタクトセンターのオペレーターはどうでしょうか。

結論から言うと、オペレーターの仕事がなくなることはないでしょう。ＡＩですべての問題が解決できるようになるのは理想ですが、それは現状では難しいでしょう。かつては「将来消えてしまう職業」のひとつにコンタクトセンターのオペレーターが挙げられることがありました。しかしいまはそうではない方向に向かっているのではないでしょうか。

ＡＩなどの機械が、それだけで解決まで導ける問題は、まだまだ１００％ではありません。例えばＱとＡがはっきりしているシンプルなものや、手続き系の問い合わせなどはＡＩだけでも十分に対応できます。しかし複雑な問い合わせはＡ

Ｉだけでは難しいでしょう。

お金がからんだ問い合わせや、不満を抱えたお客さま、急いでいるお客さま、感情的になっているお客さまへの対応などは、人対人で直接話さなければ伝わらないということも多いのです。これらは人間が対応しなければならないものとして、今後も残っていくと考えられます。

例えばミネラルウォーターや本などの安価なものはインターネットで、ワンクリックで購入することはあっても、車や家など高額なものを購入することはあまりないのではないでしょうか。金銭的リスクの高いものを機械だけの対応に任せてしまうことに不安を感じるお客さまは多いと考えられます。やはり人の対応が必要になるでしょう。

また不満を言いたい、怒りを伝えたい、あるいは賞賛の声を届けたいというお客さまもいます。そういった感情に関わることをＡＩに伝えるというのもやはり考えにくいのではないでしょうか。

個々のお客さまの状況に応じて、その問題を解決し、納得していただくためにはやはりオペレーターによる対応が必要です。どんなにＡＩが進化したとしても、有人チャネルがなくなることはないでしょう。

オペレーターは高スキルを持った専門職になる可能性も

そして有人チャネルは、対応の難度が一層上がり、さらに複雑になってくることが考えられます。

そのため、トータルの業務量は減るかもしれませんが、一件あたりの対応時間が長くなる可能性が指摘されています。オペレーターのスキルもいま以上に向上させていく必要があります。それがこれからのコンタクトセンターの姿なのではないでしょうか。

同時にオペレーターは「誰にでもできる仕事」ではなくなっていきます。待遇面でもいま以上のものを提示する必要も出てきます。高いスキルを持った専門職のようなものになれば、それなりの給与を支払わなければ人材を確保できないということにもなっていくでしょう。

ＡＩはオペレーターに取って代わるのではなく、ナレッジ化などオペレーター支援をより充実・高度化させていくものとして考えるのがよいでしょう。

Chapter

5

業務運営を改善して、〝効率化〟を徹底

45

コンタクトセンターの運用コストを削減。どこに手を入れる？

コンタクトセンターの運用コスト削減の打ち手には次の4つの領域があります。①業務（入電）を減らす（コールリーズン分析、プロセス改善、セルフサービスへの誘導など）、②自動化／省人化する（FAQ含むセルフサービス利用促進、手続きの自動化・サポートなど）、③生産性を高める（稼働率向上、処理時間短縮、一次解決率向上、残業抑制・断捨離など）、④人件費（単価）を減らす（時給や契約内容の見直し、管理者とオペレーターの比率変更、移転・統合など）。

まず①の業務量の削減について。呼量（入電）が減れば当然業務量も減ります。そのためにはお客さまがなぜ電話をしてくるのか、しっかり把握・分析する必要があります（コールリーズン分析）。そして特定の理由での入電をなくすために、ウェブに誘導して自分で解決してもらう、電話がかかってこないように原因を潰《つぶ》すといった方法があります。例えば「テレビの接続方法がわからない」という問い合わせがあれば、セットアップマニュアルをわかりやすく改善するなどです。
②の自動化・省人化では、ＳＳＴの活用を促進したり、社内の手続きや文書などを簡素化したり自動化するなどの方法があります。
③の生産性の向上では、オペレーターが対応する1件あたりの処理時間を短縮することのほか、一次解決率を上げるなどの方法があります。そのほか残業や間接業務を減らすなどの工夫も必要です。
④の人件費削減で考えられるのは、オペレーターの時給削減です。また管理者とオペレーターの比率を変える方法があります。例えば管理者ひとりで5人のオペレーターを管理していたところを10人に増やすというやり方です。さらにセンターの移転や統合など、規模を変更することもコスト削減のひとつの方法です。
これら①②③④は、どれから着手すべきかなど、厳密な決まりはありません。ただコスト削減が行き過ぎると顧客体験を損なってしまう恐れがあります。顧客体験を維持しながら、できる領域から着手してゆくのがよいため、①の業務量や②の自動化・省人化にまずは取り組むのがよいでしょう。また③の生産性や④の人件費に関わる領域は、顧客体験と関わりがとくに強い領域でもあります。コンタクトセンターとしての品質が確保できている前提で着手する必要があります。

46

外部委託と自社運営、どちらを選択するのが正解なのか？

「餅は餅屋」という言葉があるように、専門の業者に委託することで応対品質を維持するというのはひとつの考え方です。委託先の企業をパートナーとして、一緒に最高のサービスを提供するというスタンスの企業もあります。

また競合他社と何で差別化を図るかといったとき、顧客対応も重要な差別化戦略のひとつと捉えて外部委託はせずに自社運営にこだわっている企業もあります。

外部委託にしても自社運営にしても大切なことは、何が顧客満足につながるかということを見失わないことです。その上でコスト面を含めて経営的な判断をすることでしょう。

外部委託した場合、発注者として委託先企業とどこまでかかわっていくかという問題があります。

例えばコンタクトセンター業務は門外漢だからと「全部お任せします！」と委

託先業者に〝丸投げ〟のようなことをしてしまうと、コンタクトセンター業務がブラックボックス化してしまい、サービスのクオリティが下がってしまうおそれがあります。それは顧客満足の低下にもつながりかねません。

また自社運営だとコスト高になるかというと、これは一概には言えません。例えばコスト削減のために外部委託をしたとしましょう。しかしその後、さらなるコスト削減の必要に迫られたときに委託先を変更しようにも、そのハードルは高く、簡単ではありません。

コンタクトセンターのサービスを途絶させるわけにもいかないため、同じ業者に発注し続けるしかないということもあります。

委託先に任せきりにせず、自社でリードする

コンタクトセンター業務を外部委託しているある企業は、委託先に「うちのプログラムを使うオペレーターにはこんな研修をやってください」「このテストに合格したオペレーターにのみ業務をやらせてください」など、いろいろな要望を出

しています。この企業のように自社が望む応対を実現するための工夫を怠らない企業はうまくいっているようです。

とくに大手のグローバル企業などで海外にもコンタクトセンターの拠点を置く企業は、その国での応対のスタイルや基準などを現地とすり合わせていく必要があります。

世界各国に拠点を置いて外部委託業者を使う企業の多くは、現地での人材の確保などは委託先に依頼しています。しかしすべてを任せきりにしているわけではありません。自分たちでしっかりリードして、参考にするナレッジは自分たちで作ったり、研修のプログラムも自分たちで考えて実践したりなど、センターの運営に積極的に関わっています。

では外部委託と自社運営、どちらが正解なのでしょうか。

これはどちらが正解で不正解という問題ではないでしょう。顧客満足の面で見てもコストの面で見ても、どちらがいいかという判断が一概にできるものではありません。どちらを選択するにしても、最善を尽くしてよりよいサービスをお客さまに提供するというのが大切な考え方なのだと言えるのです。

47

最適な外部委託先との「契約モデル」は、どのようなもの？

コンタクトセンターを外部委託する際の課金システムで多いのは固定制です。「人工制《にんく》」ともいわれるものです。「うちの仕事には何人のスタッフを配置してください」というもので、その人数分の費用を支払うシステムです。日本ではこの人工制が主流のようです。これは予算以上の費用が発生するリスクがない半面、業務量の多少に関係なく同じ金額の費用を支払う必要があります。

日本の企業の場合、コンタクトセンターの運用費用が予算できっちりと決められていて、それを超えてはならないというモデルのため、人工制が多く見られるようです。

海外のコンタクトセンターの場合は変動制が主流です。業務量が多ければその分費用が発生し、少なければ費用を絞れるシステムです。これは売上に対する人件費の率を一定にしようという考えで運営しているのです。

また海外では従量制もよく見られます。対応した件数に対していくら、対応時間や後処理の時間に対して1分あたりいくら、というものです。勤務した時間や発生した業務量に対して費用が発生します。

人工制も従量制もどちらも一長一短あり

人工制では、例えば入電が予想以上に多くなり、電話がつながりにくくなった場合でも、それを委託先の責任にできません。なぜなら発注者側が人数を決めているためです。委託先は決められた人数のみ配置しているにすぎません。入電数に対しオペレーターの人数が多すぎても少なすぎても、それは発注者側の入電予測が外れただけということになるのです。

一方、従量制では、発注者側は委託先にある程度の予測を伝えた上で、例えば応答率○○%で運営すること、などと目標値を設定して契約を結びます。委託先は入電の予測に合わせて、自分たちの裁量で配置する人数を決めるのです。

それで目標値を達成できなければ、配置人数を読み誤った委託先側の責任となります。委託先が責任を持って配置する人数を決めることになっているのが従量制なのです。しかしこれは委託先にとってはリスクの大きいものです。

人工制の場合、業務量に関係なく費用が決められているため、より効率的に業務を進めるインセンティブがありません。1件の対応時間が5分でも1時間でも費用は同じです。もし5分以内で終えるようなことがあると次の契約更改の際に「人員が余っているようだから次回から減らしましょう」となってしまい、逆に自分で自分の首を絞めることになってしまいます。ならば効率性は関係なく、時間をかけてのんびり仕事をしたほうがいいということになります。

そのようなことを避けるため、人工制にするのであれば効率面での目標を設定して、1件あたりの処理時間が○分以上ならばペナルティが発生するなどのルールを定めるのがよいのです。

人工制と従量制、どちらにもそれぞれにメリットとデメリットがあります。インセンティブやペナルティなどを設定しながら、お互いが望ましい活動ができるよう、それへの対策を考えた上で契約モデルを選択するのがよいでしょう。

48

コンタクトセンター生産性アップ。実現するポイントとは?

コンタクトセンターの生産性の低下は応答率の低下につながることもあり、顧客満足度にも大きく影響します。センターの生産性アップはどの企業においても重要な課題です。

コンタクトセンターに寄せられる問題は多岐にわたり、最近は複雑化と高難度化が顕著になっています。そのためお客さまの抱えた課題の解決に時間がかかってしまうことも少なくありません。一次解決率や1コール解決率、エスカレーション率などの低下にそれが数値として表れてきます。これを改善することで生産性をアップさせていきます。

企業によっては、センターに寄せられる問い合わせの種類が多く、ひとりのオペレーターで解決できる可能性は低いといわざるを得ないところもあります。当然、一次解決率などさまざまな指標にも影響してきます。

そこでセンター内に、特定の種類の問い合わせに専門に対応する窓口を複数設けて専門のオペレーターを配置し、そちらで対応することで解決の時間を短縮しようとする方法があります。

またひとりのオペレーターを、研修などを通じてマルチスキル化して、ワンストップで解決に導けるようにしているセンターもあります。

マルチタスクという考え方で対応しているセンターもあります。ひとりのオペレーターにリアルタイム業務と、それ以外の業務を兼務してもらうのです。

例えばメールでの問い合わせなど、非リアルタイム業務にも対応してもらいます。電話の場合はリアルタイムで対応しなければなりませんが、メールは届いてから返信するまでに多少の時間が空いてしまっても問題はありません。リアルタイム業務がピークの時間帯を過ぎたら、非リアルタイム業務にあたってもらうのです。

逆に、電話応対がピークの時間帯には、非リアルタイム業務の担当者にも電話応対に入ってもらい、ピークが過ぎたら再び非リアルタイム業務に戻ってもらうようにしていきます。

これはオペレーターをマルチスキル化することとも関係します。ひとつの業務だけではなく、複数に対応できるスタッフがいることでマルチタスク化も実現するのです。

再コールは可視化しながら撲滅を目指す

一度のコールでお客さまの課題が解決せず、同じ課題で2度、3度と再コールが多くなってしまうのも、生産性を低下させる一因です。一次解決率を高めて再コールを撲滅する必要があります。そして再コール撲滅に取り組む一方で、その履歴を可視化しておくことも重要です。ひとつの課題が解決するまでに何コールあったのかを記録しておきます。同時に1回目のコールに番号を付与して、それをお客さまにお伝えします。同じ課題での問い合わせの場合は、その番号を確認するだけで新規案件ではなく継続案件であることがわかります。

同じオペレーターが対応する可能性は低いため、ほかのオペレーターがその履歴を確認して対応すれば、スムーズに解決に導くことができるようになります。

49

「コンタクトセンター」の効率化。その指標には何があるのか？

コンタクトセンターには生産性に関する指標がいくつかありますが、主に次の3つの指標で評価していきます。

①ＡＨＴ

1件あたりの平均処理時間です。これが短くなればなるほど、ひとりのオペレーターで対応できる処理件数が増えることになり、効率性は高まります。

②占有率

ひとりのオペレーターが稼働中、実際に顧客対応に費やした時間のことです。つまり電話の前で待機している間に対応した時間ということです。待機して次のコールを待っている時間は実質的に稼働していないことになりますが、この時間をゼロにすることはできません。つながりやすいコンタクトセンターにするためにはその時間も必要です。

③稼働率

オペレーターに給与の支払いが発生する時間のうち、顧客対応にあてられる時間のことです。例えば会議やモニタリングのフィードバックを伝える面談の時間などは給与が発生しますが、顧客対応に費やした時間ではありません。これもゼロにすることはできません。

稼働率はセンターによって捉え方が異なります。例えば、取り扱っている商品数が多く、その入れ替えの頻度が高い企業の場合は稼働率をあえて抑えめにしてあるケースもあります。これは商品の知識をオペレーターに教えるための研修に時間をかける必要があるからです。その分、人員配置を最適にしなければならないという事情もあり、それぞれのバランスを考慮していくことになります。

1コールでの解決が難しい問い合わせもある

またテクニカルな課題に関する問い合わせでは、一次解決ができない場合もあります。例えばパソコンやオーディオ機器などが「うまく作動しなくなった」「使えなくなった」といった問い合わせです。

この場合は、どんな機器をどんな環境で使っているのか、どんな症状が出ているのかなどを確認し、お客さまにケース番号をお伝えして一旦電話を終えます。そしてセンター側で関係部署などと連携しながら調べて、コールバックするという対応をするのが一般的です。

またお客さまも、機器を使いながらその状況を観察して、変化があれば再度コールすることもあります。

その間にも、例えば「一旦電源を落として再起動してみてください」「環境を変えて試してみてください」などと、双方で試行錯誤しながら解決を目指すこともあります。そのため、1コールで解決させることにはそもそもなじまない案件なのです。

このような問い合わせの場合は、AHTや一次解決率などよりも、1案件を解決するためにトータルで費やした時間を指標とするのがよいといえます（Minutes per Incident＝MPI）。

50

成果を上げる、「アウトバウンド業務」の効率的な手法とは？

アウトバウンドにはいろいろな種類があります。商品やサービスをおすすめするセールス系のものや、お知らせなどのフォロー系、訪問営業のためのアポイントや、マーケティングが目的のものもありますが、ここではセールス系のアウトバウンドについてお話ししましょう。

セールス系には何かの購入や加入などを促す勧誘系のもののほか、退会やキャンセルなどを引き留めたりする慰留系の架電などがあります。この架電ではお客さま側に意思決定がともないます。

このようなアウトバウンドの場合、オペレーターはまず架電のリストを渡され、そのリストを見ながら順番に架電していきます。

このときひとつの指標になるのが架電率です。オペレーターが1時間あたり何件の架電先に電話をかけられるかということを示した数値です。

またライトパーソンコンタクト率という指標もあります。架電先の家計面で意思決定権のある人につながった割合を示す指標です。例えば電話がつながっても子どもが出て「お父さんもお母さんもいないのでわかりません」などと、意思決定者が不在の場合は、無意味なコンタクトになってしまいます。これを向上させていくには、意思決定者に直接つながるようにしなければなりません。働いている人ならば昼休みの時間帯、自宅にかけてもつながらなければ携帯電話へ、などどうすればコンタクトが取れるのか把握することから始めます。

コンタクトが取れたあとは、コンバージョン率が指標になります。架電先に提案したことが受け入れてもらえる率を示すものです。「わかりました。買いましょう」などと口頭で約束してくれるケースを含みます。

そしてその口頭での約束を、どれくらの人が履行してくれたか、約束履行率がその次の指標になります。

そして獲得系の場合は各オペレーターの売上率も指標になります。約束を履行してくれたお客さまごとに、売上が発生しますが、それがどのオペレーターからの架電によるものかを数値化したものです。

そしてもっとも売上に貢献したスタープレイヤー的なオペレーターはこれらの指標のうち、どの部分がとくにずば抜けて優れているのかを分析します。この分析によって、いろいろなことが見えてきます。

もっとも売上率の高いオペレーターは、話術に長けていて説得上手でコンバージョン率が高い……と思われがちです。

たしかにそういうオペレーターの売上率がトップだというケースもあります。しかし、意外にも1時間の架電率がもっとも高いオペレーターだというケースもあるのです。

こういったオペレーターは架電先から断られてもめげることなく、次々に架電していたりするものです。また架電先に「いま忙しいから」と言われてもすぐに引き下がらずに「では何時ごろにおかけすればよろしいでしょうか?」と次のアポイントまで取れるオペレーターだったりすることもあります。

成功の要因だと思われる指標と、最終的な成果の指標を見ながらオペレーターにどんな行動を推奨するのがいいのか、見極めていくのです。

51 繁閑時期の格差……、その課題をどのように解決する？

コンタクトセンターは繁忙期と閑散期の業務量の差が大きく、時期による人員の配置が難しいといわれています。業界や企業によってさまざまですが、季節的なもののほか、1カ月あるいは1週間、1日の中でも繁閑差が大きくなることもあります。新製品のリリース直後やキャンペーン期間などはとくに多忙になることもあります。センターごとにこの繁閑差を小さくしたり、繁閑差に応じて人員を調整したりするなど、効率性を高めるためにさまざまな努力がなされています。

しかしこのような繁閑差を乗り越えて効率性を追求することは容易ではありません。例えばオペレーター全員が月曜から金曜、毎日9時から17時の勤務で固定されてしまっているセンターでは、これは実現が難しくなります。

ひとつの解決策として考えられることは、柔軟な勤務体制を組むことです。つまり〝忙しいときに人を増やし、落ち着いているときは減らす〟というものです。

センターの中には勤務日や勤務時間の〝伸び縮み〟による柔軟な体制をとっているところがあります。繁閑の状況に応じて、例えば8時間勤務を6時間に短縮したり、週5日勤務ではなく3日勤務の週を設けたり。逆に忙しいときには長い時間勤務してもらうなどの対応で効率性を確保しています。

これが難しいセンターは、閑散期には変形労働時間制の範疇で希望者は早退してもらったり、休んでもらったりする、あるいは研修や会議の時間に充てるなどの方法もあります。

また繁忙期が1カ月、2カ月と続くことがわかっている場合には、その期間だけ外部の専門業者に委託する、あるいはテンポラリースタッフ、つまり臨時雇用のオペレーターを活用することもひとつの方法です。

また繁閑差を縮小するために、問い合わせが集中する時間帯にはコールバックやVHTなどを活用してピークを緩和する方法があります。休日明けの月曜日は問い合わせが増えるセンターでは、その日だけ受付開始時間を1時間程度前倒しにするという対策をとっているところもあります。

52

スタッフの残業時間を減らしていきたい。その方法とは？

コンタクトセンターはシフト制で運営されていることが多く、残業はほとんどないイメージがあるようです。しかし現実に残業はあります。それが入職者にとってはギャップとなり、離職につながることもあるようです。

例えば勤務終了時間が17時であっても、その直前に入ってきた電話応対が終了時間をまたいでしまうこともあります。応対後はサマリー作成などの作業もあります。オペレーターに欠勤者がいれば、その分を担当することもあるでしょう。キャンペーン期間中などは入電が多くなることもあります。運営を考えると、残業が増えれば時間外勤務手当が発生するため、コスト面でも懸念材料となります。

ではどうやって残業時間を減らしていけばいいのでしょうか。

まず考えなければならないのは、残業発生原因の把握と分析です。通常の勤務時間にどんな作業をし、残業でどんな作業をしているのかを把握することです。

そして残業時間に取り組んでいる作業はその時間でしかできないことなのか、通常勤務の時間帯では処理できないことなのかなどを見極めます。通常勤務の時間帯で処理できることならば、それができるよう、意識改革やスキルを向上させるなどの対策を講じます。

その上で、例えば勤務終了が18時の場合は17時に一旦作業を終わらせて、残業時間帯に処理していた作業を前倒しでおこなうという方法があります。また繁閑差を利用して、手の空いている時間帯に取り組むなど、作業全体の進め方を見直します。

勤務時間終了直前に入電があり、その対応のために10分、20分と残業しなければならないこともあります。お客さまあってのことでこれは仕方のないことです。残業するのは当然でしょう。

しかし問題なのは、残業必須の状況がある一方で、閑散時間があるということです。この繁閑差をなくしていくことはもちろんですが、その時間帯に何をするのか、その時間帯に処理できることを増やすことで、残業を減らしていく努力も、センターが取り組んでいかなければならない課題であるといえます。

53 応答率と効率性の両立へ。どんなマネジメントが効果的？

応答率の高低は配置したオペレーターの数に左右されます。オペレーターの数が少なければ、その分応答率は下がっていきます。つまり応答率低下の原因は人員不足ということです。

効率性はその逆で、必要以上のオペレーターが配置されていることによって低下していきます。オペレーターの数が多ければ多いほど、効率性は悪くなっていくのです。〝あちらを立てればこちらが立たぬ〟という状態で、両立は難しいように思えます。

そのためコンタクトセンターでは、ワークフォースマネジメント（ＷＦＭ）を活用するのがよいでしょう。ＷＦＭとは、業務量や処理時間などの予測に基づいて、適正な人員配置とつながりやすさを管理する手法です。予測、要員計画、シフト作成、リアルタイムマネジメントの４つの要素があります。

ＷＦＭを導入することで、繁忙期には労働力を上げ、逆に閑散期にはそれを絞って業務に対応することができます。

把握→予測→計画→リアルタイム管理

ＷＦＭは、次の流れでおこないます（図❽）。

①過去の業務量の把握

まずは電話やメール、チャットなど有人チャネルごとに過去の業務量と処理時間、シュリンケージ（欠勤などの目減り要素）を把握していきます。例えば電話であれば、時間帯や曜日、あるいは月ごとのピークの日など、入電のパターンを把握するのです。

②業務量を予測

過去の業務量から、将来の業務量、入電数などを予測します。また自社が打って出るマーケティング活動のタイミングやその反響の予測などもそこに加味しておきます。可能な限り精度の高い予測をおこないます。

③業務量予測に基づいた要員計画・シフト作成

予測に基づいて、各チャネルにオペレーターを何人配置するのが適切なのかを判断します。

そしてそれに沿った人員を確保して、配置していくのです。予測業務量だけでなく、ＡＨＴなども加味しながら週単位、30分単位でシフトを考えていきます。

④当日のリアルタイム管理

一方、シフトを作成した時点での予測が外れてしまうことや、不測の事態が起こることもあります。例えば入電数の予測が外れてしまった場合、あるいは予想以上にオペレーターの欠勤が多くなってしまった場合などです。

このような場合は、その場でリアルタイムに動いて最善の実績を上げていくマネジメントをおこないます。

またそれ以外にも、予測をした段階でのデータなどが実際とは異なっている場合もあります。そのときは翌日以降の要員計画を見直します。

図❽　ワークフォースマネジメントの全体像

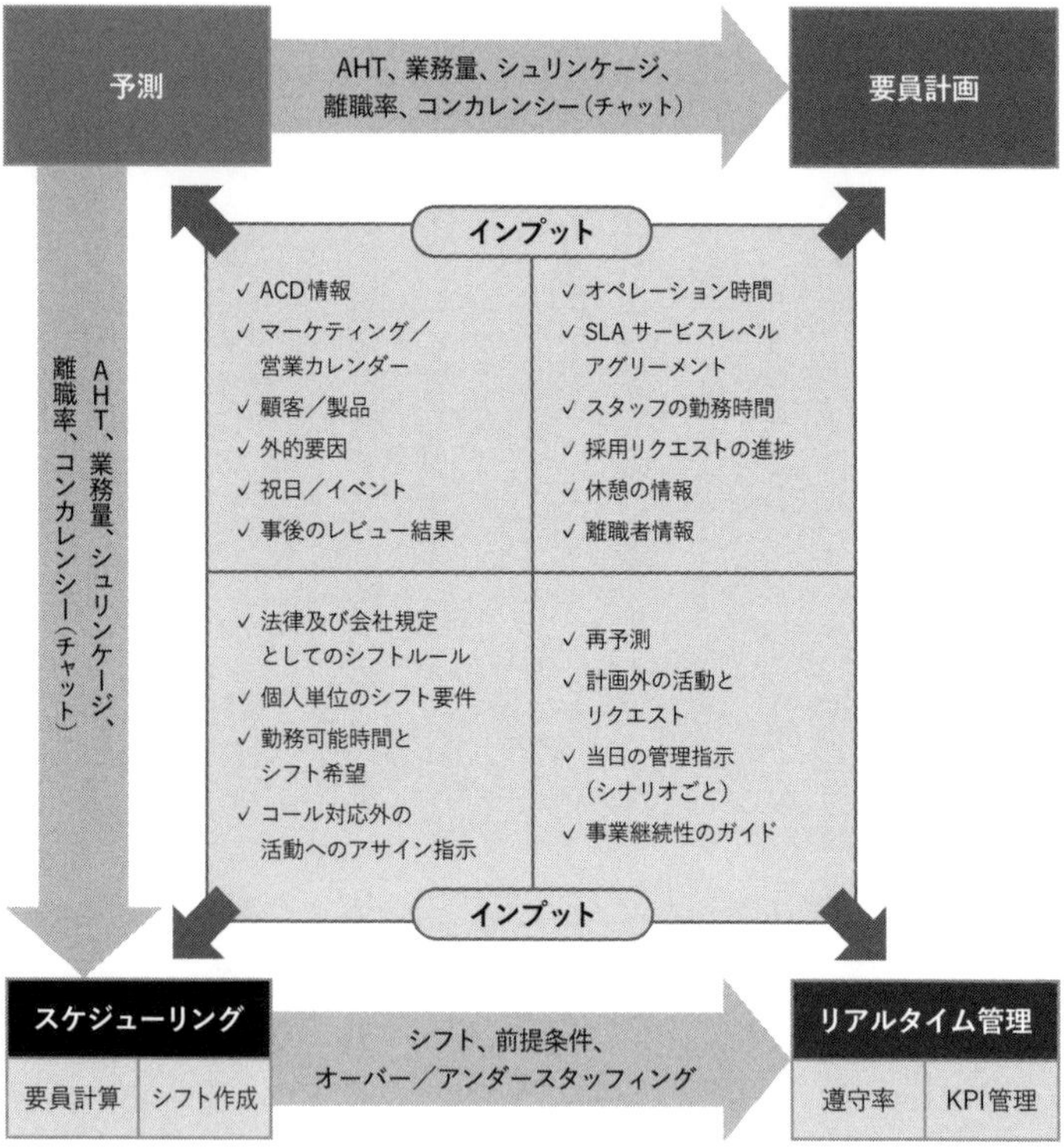

出典：プロシード

54

センター運営に存在する、〝見えないコスト〟とは何なのか？

コンタクトセンターの〝見えないコスト〟は、オペレーターの離職や欠勤によるものが大きいといえます。離職、つまりオペレーターが辞めてしまった場合、人員を補充しなければなりません。求人広告を出し、書類審査や面接などでスクリーニング、採用が確定して入社してもらったあとは、現場に出て一人前のオペレーターとして業務ができるようになるまで、それなりの時間がかかります。

新人オペレーターの育成時間は各センターによって異なりますが、短くても2、3週間から1カ月、長ければ半年程度はかかるでしょう。ここまでで、かなりのコストを費やすことになります。さらに研修中はトレーナーのコストも発生します。また、ＯＪＴも実施しますので、ベテランスタッフたちの効率性、生産性にも影響してしまいます。逸失コストも決して少なくはありません。

欠勤についても同じことがいえます。例えばシフトを組むときは、その日の業務量を予測して、何人のオペレーターを配置するのが最適かを判断します。しかし当日になってオペレーターが体調不良で休むと、電話のつながりやすさが崩れてしまいます。従って、シフト計画の段階で、欠勤率などの予測も同時におこないます。例えば欠勤率が10％と予測した場合は、その分多い人数のオペレーターに出勤してもらうのです。そして予測に反して欠勤がなかった場合は、この10％分のオペレーターの人件費が余計なコストになってしまいます。

これら離職や欠勤は、採用活動に原因がある場合もあります。適切な人材を採用できていなかったために、入社後にミスマッチが表面化するということです。これ避けるために、採用段階で離職や欠勤の可能性が低い人を見極めるように努めることも、余計なコストを削減していくためのひとつの方法といえます。

一方、現在はどの業界においても人材難で、採用活動そのものが難しくなっています。これはコンタクトセンターのオペレーターの採用も同様です。コンタクトセンターのオペレーターというのは、人気のある職種ではありません。求人を出しても応募が少ないということもあるようです。そのため派遣会社などに依頼して、一定のスキルを持ったオペレーターを派遣してもらっているセンターもあります。人材難・採用難は、オペレーターという職種の地位向上とも無関係ではありません。これはコンタクトセンター業界全体の今後の課題といえるでしょう。

55 責任者が理解すべき、CX改善の「トータルコスト管理」とは？

1顧客当たり、1売上製品当たり、1加入メンバー当たりの顧客サービスにかかったコストすべてが、その企業のトータルコストということになります。

トータルコストは、顧客にサービスを提供するすべての部門が組織（企業）に対してどれだけ貢献しているかを示す指標でもあります。顧客対応のチャネルを有人から無人に変更したり、顧客にとって不要なコンタクトを減らしたりすることなどで、この総コストは削減することができます。

コンタクトセンターの場合は、お客さまに対応するすべてのチャネルで要したコストがトータルコストということになります。

そこには電話だけでなく、ウェブやアプリなどのシステムのコスト、人件費やセンターの地代なども含まれます。

コンタクトセンターのコスト管理においては、ＡＨＴや占有率、稼働率などの改善といった指標と紐づけて考えることがあります。

つまり効率性との関係性です。

それらのうち、例えばＡＨＴを改善したことによって効率性が向上したと判断されるケースもあります。しかしその一方で、採用したオペレーターの数に変動がなかった場合は、コストそのものには変化はありません。オペレーターの数が同じなのに効率性だけを向上させても、結局、次のコールを待つ時間だけが長くなってしまった、ということになります。つまり表面的には効率的な業務をおこなっているように見えるのですが、コスト削減効果があるとはいえないのです。

コスト削減につながる効率性追求が重要

コンタクトセンターには、コスト・パー・コール（ＣＰＣ）という指標があります。これは1件の電話応対にかかるコストのことです。コンタクトセンターの運営にかかるトータルコストを入電数、つまり対応件数で割った数値で示したものです。

ＣＰＣは入電数によって数値が変わってきます。入電数を削減することができれば、ＣＰＣの数値はよくなります。しかし逆に、入電数を削減しても、人件費やシステムの維持費などが上昇すればコスト削減にはつながりません。
センターによっては、入電数と人件費を削減するために、チャットボットを導入するところもあります。しかしそれで果たして成果があったのか、把握できていないセンターが多いのも実情です。チャットボットなど無人のチャネルは導入してしまえばその分コスト削減につながると思われがちですが、メンテナンスなど、その維持にもコストは発生します。そういった部分にもしっかりと目を向けて、コスト管理をおこなう必要があります。

大切なことは、効率性の追求とその成果が、コストの削減にもしっかりと反映されて、よりスリムなセンター運営ができているかどうかを見ていくことです。そのためには効率性を見るための指標だけでなく、予算管理やそれらを人件費などと結びつけた適正なコスト指標も必要です。例えば、会員サポートが目的のセンターの場合、会員ひとり当たりのサポートコスト、家電製品の通信販売ならば、売れた製品1台あたりのサポートコストといったものを評価していく必要があるのです。

おわりに

「コンタクトセンター」の改善に、COPCマネジメントを！

1995年のウィンドウズ95の発売は、パソコンが業務用だけでなく一般家庭にも普及するきっかけになりました。それは同時に、サポートを必要とするユーザーを増やすことにもなり、使い方の相談や不具合解消のための問い合わせが急増することになったのです。

最初のうちは商品担当の社員などが通常業務のほかに電話で対応していましたが、業務負担軽減の意味もあり、電話対応を主業務とする「コールセンター」が立ち上げられるようになりました。

そして業界を問わず、「お客さま本位」「顧客志向」を目指す多くの企業でコールセンターが立ち上げられていきます。また、コールセンター業務の専門会社にアウトソースする企業も見られるようになりました。

コールセンターに求められるニーズは、時代とともに変化していきます。近年は電話だけでなく、メールやチャット、SNSなどの非対面チャネルが増えてき

Conclusion

ました。そのため最近では「コンタクトセンター」という呼ばれ方も増えており、本書でもその呼称で統一しています。

しかしコールセンターが注目され始めた当時はまだ、その運営ノウハウがない時代です。そのため対応品質が安定せず、お客さまのサポートをするどころか、逆にクレームを多数発生させてしまったのです。

そこで、コールセンター運営の優れたマネジメントモデルの開発と浸透を目的に、アメリカ・COPC社が1996年に「COPC（Customer Operations Performance Center）」を規格しました。

COPCは、コールセンターのコストを削減し、オペレーションのサービス品質、顧客満足度、収益性を同時に向上させるマネジメントモデルです。現在では世界70カ国、約2000の組織で活用されており、唯一のグローバルスタンダードであるといえます。

近年はスマートフォンの普及により、さまざまなことの利便性が格段に向上しています。コンタクトセンターにおいても、お客さまにとっての利便性を高めていく必要があります。またAIを含め、デジタル化も進んでいます。その一方で

「人だからこそできる」こともあります。それらを適切にマネジメントしていくことも重要です。COPCでは、その点も最適化できます。

当社・プロシードは、COPCをベースとした、日本で唯一のコンタクトセンター専門のコンサルティング会社です。国内外での豊富なコンサルティング実績をもとに、コンタクトセンターが直面する多様な変化や組織的な課題を具体的に解決することに力を注いでいます。

その取り組みのひとつとして実施しているのが「金融業界コンタクトセンターエグゼクティブリーダー・サミット」です。金融業界においてコンタクトセンターの戦略・運営を担う経営層やマネジメント層を対象とした、事例共有や最新テーマの探求をする場として、ご活用いただいています。

コンタクトセンターの中には、いまだに「K・K・D」(経験・勘・度胸)によって運営しているところがあるようです。業界によっては管理者などの異動が多く、コンタクトセンター業務に直接関係のない経験やノウハウによって現場が混乱し、パフォーマンスが安定しないケースも見られます。それはスタッフの離職につながり、サービスの維持を困難にしてしまいます。

Conclusion

コンタクトセンター業務は店舗などでの営業とは異なり、非対面でお客さまに接するという特殊性があり、経験だけではカバーできません。コンタクトセンターが適切に運営できなければ、クレームだけでなく、黙って去っていく「サイレントクレーマー」も増え、その企業の業績にダメージを与えてしまうことにもなりかねません。「お客さま本位」「顧客志向」の実現は難しいでしょう。

当社はコンタクトセンターのパフォーマンス向上にとくに注力しています。それはコストや応答率、顧客満足度だけではなく、いかにトータルにバランスよく各指標を高めていき、コンタクトセンターを維持・向上させていくかということなのです。

COPCを活用する当社では、多くの企業のコンタクトセンターにおける優良事例を取り入れながら、そのクオリティを高めてきた歴史があります。

コンタクトセンターを運営する企業には、ぜひその優良事例を取り入れ、活用してほしいと思っています。

2025年3月

株式会社プロシード

全世界2000の組織で実証された
“成功方程式”で企業価値を高める！

コンタクトセンターデザイン戦略

～運営責任者必読、CX改善の完全ガイド～

2025年3月17日　第1刷発行

著　者　株式会社プロシード
発行者　鈴木勝彦
発行所　株式会社プレジデント社
〒102-8641
東京都千代田区平河町2-16-1 平河町森タワー13階
https://www.president.co.jp/　https://presidentstore.jp/
電話　編集 03-3237-3733
　　　販売 03-3237-3731
販　売　高橋 徹、川井田美景、森田 巌、末吉秀樹

構　成　松本壮平
装　丁　鈴木美里
組　版　清水絵理子
校　正　株式会社ヴェリタ
制　作　関 結香
編　集　金久保 徹

印刷・製本　株式会社サンエー印刷

本書に掲載した画像は、
Shutterstock.comのライセンス許諾により使用しています。

ISBN978-4-8334-5262-5
Printed in Japan
落丁・乱丁本はお取り替えいたします。

本書籍
著者への連絡先
株式会社プロシード
〒104-0028
東京都中央区八重洲二丁目2番1号　東京ミッドタウン八重洲
八重洲セントラルタワー35階
TEL：03-4223-3161　https://proseed.co.jp/